Jörg Zink
Erde Feuer Luft und Wasser

Jörg Zink

ERDE
FEUER
LUFT
UND
WASSER

Der Gesang der Schöpfung
und das Lied des Menschen

Kreuz Verlag

CIP-Kurztitelaufnahme der Deutschen Bibliothek

Zink, Jörg:
Erde, Feuer, Luft und Wasser: d. Gesang d.
Schöpfung u. d. Lied d. Menschen / Jörg Zink. –
1. Aufl., (1.–30. Tsd.). – Stuttgart: Kreuz-Verlag, 1986.
ISBN 3-7831-0824-1

© by Dieter Breitsohl AG
Literarische Agentur Zürich 1986
Alle deutschsprachigen Rechte beim Kreuz Verlag Stuttgart
1. Auflage (1.–30. Tausend)
Kreuz Verlag Stuttgart 1986
Gestaltung: Hans Hug
Umschlagfoto: Siegfried Himmer
Gesamtherstellung: Wilhelm Röck, Weinsberg
ISBN 3 7831 0824 1

Inhalt

7 Das Lebendige lieben

29 **Erde**

32 Wohnen und Stehen
43 Mit dem Herzen denken
50 Verklärung der Erde
57 Alles ist eins
60 Der Acker und das Himmelreich
63 Mut zum Sein
66 Der absteigende Christus
71 Wir sind Erde

75 **Feuer**

77 Brand und Licht
90 Herausforderung
99 Der Wagen des Elia
104 Berufung zum Feuer
108 Polarität
114 Das brennende Rad
117 Erleuchtung
122 Das Offene schauen

125	**Luft**
127	Wind und Raum
134	Alles ist Klang
140	Der Wind weht, wo er will
146	Himmlische Musik
152	Resonanz
159	Schwingungsfelder
163	Das Ohr des Herzens
171	**Wasser**
173	Strom und Meer
181	Gestaltwandel des Elements
189	Wasser und Geist
190	Die Quellen der Weisheit
194	Neue Geburt
201	Heilung
203	Wasser und Wein
209	In den »Tiefen der Gottheit«
211	Ein Lied versuchen
216	Bildnachweis
216	Quellennachweis

Das Lebendige lieben

**Die ganze Welt
ist vor dir wie ein Stäublein auf der Waage
und wie ein Tropfen des Morgentaus,
der zur Erde fällt.**

**Du aber liebst alles, was ist.
Wie könnte denn etwas bleiben,
was du nicht wolltest?
Oder wie könnte Bestand haben,
was du nicht gerufen hättest?**

**Du bewahrst alles,
denn es ist dein, Herr,
du Liebhaber des Lebens,
und in allem
ist dein unvergänglicher Geist.**

Weisheit 11,22–12,1

Die ganze Welt ist wie ein Stäublein auf der Waage, sagt der Dichter des Buchs der Weisheit, der wohl hundert Jahre vor Christus gelebt hat, und wie ein Tropfen des Morgentaus, der nach wenigen Stunden verschwunden sein wird. Und doch singt der Sänger eine wahre Liebeserklärung: Alles, was ist, ist gut. Es ist aus Gott, dem Liebhaber des Lebens. In allem ist sein unvergänglicher Geist, auch in uns Menschen.

Der Gesang der Schöpfung und das rühmende Lied, mit dem er ihm antwortete, war ihm eins. Aber die Welt war ihm nicht nur voll der Gegenwart Gottes, sie war auch in sich selbst klar, begreiflich und schön:

Er, Gott, gab mir ein zuverlässiges Wissen
über das, was ist,
so daß ich den Bau der Welt erkenne
und das Wirken der Elemente,
Anfang, Ende und Mitte der Zeiten,
wie die Tage zu- und abnehmen,
wie die Jahreszeiten wechseln,
wie das Jahr umläuft und die Sterne stehen,
die Natur der lebendigen Wesen
und die Kraft der Raubtiere,
die Macht der Geister und die Gedanken der Menschen,
die Vielfalt der Pflanzen und die Kräfte der Wurzeln.
Das Verborgene ist mir vertraut
wie auch das, was am Tag liegt.
Denn aller Dinge Bildnerin,
die Weisheit Gottes, lehrte mich.
Weisheit 7,17–21

Er redete und sang von der Erde und ihrer lebendigen Kraft, vom Feuer und vom Licht der Sonne, vom Wind und vom Sturm und vom wehenden Geist Gottes, vom Wasser und seiner abgründigen Gefährlichkeit und davon, daß es Trost und Rettung für den Durstigen sei. Er verband, was er sah und fühlte, mit seinen eigenen Gedanken und mit allem, was er von Gott wußte, um am Ende ein Weiser zu sein inmitten einer mit göttlicher Güte und Weisheit gestalteten Welt.

Er empfing aus der Erde die Kraft, mit der er lebte und wirkte, und aus Gott die Erkenntnis der Wahrheit und der Wirklichkeit. Er stand da wie ein Baum, von dem in der Bibel so oft die Rede ist:

> ... ein Baum, am Wasser gepflanzt,
> der seine Wurzeln zum Bach hinstreckt.
> Wenn auch die Hitze kommt, fürchtet er sich nicht,
> seine Blätter bleiben grün.
> Er sorgt sich nicht, wenn ein dürres Jahr kommt,
> sondern bringt seine Früchte ohne Aufhören.
> JEREMIA 17,8

Aber diese Lieder mit ihrer unverbrauchten Frische und Bildhaftigkeit sind uns fremd geworden, fremd auch die Empfindung, wir stünden »wie ein Baum an den Wasserbächen«. Unsere christliche Überlieferung hat uns Menschen von dem vitalen Geschehen in der Schöpfung abgetrennt. Das Christentum, so haben wir gelernt, hat mit den Menschen und dem Heil ihrer Seele zu tun, aber nicht mit der Natur und den Naturwissenschaften, mit Kunst und Technik. Und diese Trennung des Glaubens von der Schöpfung hat den Glauben weltlos gemacht und zugleich die Welt der Willkür der Menschen überlassen. Was einer mit den Sinnen wahrnimmt, habe, so haben wir gelernt, nichts mit dem zu tun, was wir, gegen allen Augenschein, glauben sollen.

Und die Folge, so scheint mir, ist eine seltsame Mattigkeit, die wir heute bei unendlich vielen Menschen antreffen. Fehlt da nicht allüberall an Leib, Seele und Geist die elementare Kraft, aus der wir eigentlich leben müßten? Fehlt nicht gerade diese Verwurzelung in der Erde und das Stehvermögen, das für die Alten im Gleichnis von dem »Baum an den Wasserbächen« gemeint war? Mir scheint, es stiegen bei unendlich vielen Menschen dieser Zeit aus dem Wurzelwerk ihrer Seele keine Kräfte mehr auf. Und in der Tat, die moderne Welt, die wir uns geschaffen haben, erlaubt solche Einwurzelung kaum noch. Wer, der durch eine heutige Großstadt geht, kann es sich erlauben, mit offenen Augen ihre Häßlichkeit aufzunehmen, mit offenem Ohr ihren Lärm, mit wachem Geruchssinn ihre verpestete Luft? Wo bietet sich ihm in dieser Welt aus Asphalt, Glas und Beton noch eine Erde, in der er wurzeln könnte? Wir haben unsere Welt verdorben und wundern uns, daß wir nichts mehr von ihr empfangen, nichts von ihren Bildern und ihren Kräften.

Wenn wir stehen wollten »wie ein Baum«, der Grund unter sich und Licht um sich her hat, der »seine Frucht bringt, wenn es Zeit ist, und dessen Blätter nicht welken«, dann müßten wir mit unserem heimatlosen Verstand wieder neu in die elementare Welt unserer eigenen Seele und ihrer Bilder und Kräfte einwurzeln. Oder, gleichsam eine Schicht tiefer: Wir müßten mit unserer anfälligen und gefährdeten Seele neu einwurzeln in die Vitalität unseres Leibes. Und noch einmal eine Schicht tiefer: Unser Leib müßte, wenn er unserer Seele Kräfte zuführen soll, einwurzeln in das elementare Kräftespiel des kosmischen Lebens und Geist und Seele wiederum in die Symbolwelt von Erde, Feuer, Luft und Wasser, von der die Bibel so viel zu sagen weiß.

Mit dem elementaren Leben sind wir aber verbunden durch unsere Sinne. Fünf Sinne hat der Mensch, sagt man. Aber schon die Zahl Fünf zeigt an, wie arm wir geworden sind. Ist da nicht mindestens ein Dutzend? Ich höre, ich sehe, ich taste, ich rieche, ich schmecke ja nicht nur, ich fühle auch die Wärme der Sonne oder des Feuers. Ich empfinde das Gewicht, mit dem ich auf meinen Füßen stehe. Ich fühle, ob ich im Gleichgewicht bin gegenüber den Kräften der Erde. Ich weiß, was Raum ist und was Größe oder Kleinheit, und unterscheide oben und unten. Ich lebe in der Zeit und unterscheide, was rasch vorbeigeht und was langsam lebt, ich messe Stunden und Augenblicke, Tage und Nächte. Ich empfinde Schmerz, wenn ich mich verletze, ich fühle Müdigkeit und lege mich schlafen. Mein Magen meldet mir, wenn es Zeit ist, zu essen. Und hat nicht die Liebe ihren eigenen, wunderbaren Weg zu einer Ekstase, die dann meinen ganzen Körper füllt? Hat sie nicht ihren eigenen Sinn? Aber meine Sinne führen mich auch tief in das Geheimnis einer un-sinnlichen Wahrnehmung: Ich fürchte etwas, das auf mich zukommt, und empfinde Angst. Ich ahne: Morgen geschieht ein Unheil. Ich berühre die Hand oder das Gesicht eines anderen Menschen und weiß: Ich kann vertrauen.

Unzählige Wege zur Erfahrung unserer Welt stehen uns offen, wenn wir sie nur achtsam genug gehen. Gott hat uns mit den Sinnen geschaffen, mit einem unendlich feinen Netzwerk von Fühlen und Emp-finden, von Denken, von Wissen und Erinnern, Aufnehmen und Ant-worten, von Sein und Werden, von Störung und Heilung, von Freude und Weinen, Liebe und Neugier, Spiel und Kampf und allen geistigen, leiblichen und seelischen Organen, die wir brauchen, und wir tun so, als besäßen wir nichts als den kleinen, sehr kleinen Verstand, mit dem wir die Geheimnisse des Daseins nachrechnen möchten wie das kleine Einmaleins.

Warum spricht das Evangelium in Bildern? Warum spricht es sich in Gleichnissen aus, die uns die Lebendigkeit der Erde, die Glut des Feuers, die Kräfte der Luft und die Abgründigkeit des Wassers vor Augen stellen? Warum atmet und pulsiert in der Sprache des Meisters von Nazaret alles so vital, warum wird da so anschaulich gemalt und erzählt und beschrieben?

Denn wenn ich Jesus zuhöre, bin ich der Erde sehr nahe. Dann höre ich ihn von einem Acker reden, von einer Quelle, von Bäumen und Blumen, von Sturm und Unwetter, vom Abendrot, vom Licht oder vom Feuer, von Brot und Wein, von den Fischen im See oder den Schafherden in der Steppe und von den Menschen auf den staubigen Straßen seiner Heimat. Und wenn er von Gottes Reich spricht, dann so, als wachse es wie Weizen aus der Erde. Er hat wohl selten aus einem Buch gelesen, außer aus der Bibel. Offenbar ging er davon aus, daß Himmel und Erde einander näher seien als wir meinen, daß dort wie hier die gleichen Kräfte und Gesetze am Werk seien, in der sichtbaren wie in der unsichtbaren Welt, und wollte mit allen seinen Reden auch sagen: Wenn du das Unsichtbare begreifen willst, dann tu die Augen auf und die Ohren, nimm wahr, was nahe bei dir, hier auf dieser Erde, geschieht. Er hat nie eine Religion vertreten, die im Kult allein stattfindet oder in den Gedanken allein, eine Religion etwa, die keine Erdberührung hätte und an dieser Erde nichts bewirkte.

Ich glaube darum auch nicht, daß er von denen verstanden werden kann, die ihren Empfindungen mißtrauen, ihre Erfahrungen verdrängen oder ihre Sinne in ihre Gedanken einzäunen und sich, wenn es um ihren Glauben und um den Sinn ihres Daseins geht, allein auf ihren angeblich so klaren Kopf verlassen möchten.

Denn was wahr ist, ergreift uns, wie uns Schönheit ergreift, wie Sturm oder Musik, so daß wir mit dem, was uns da erfaßt, eins werden und uns von ihm verwandeln lassen.

Unsere Voreltern sprachen über das Ganze des Lebendigen, wenn sie von Erde, Wasser, Luft und Feuer redeten. Sie wollten sagen: Die Signatur des Menschenlebens ist die Zahl Vier. Wir müssen in vier Richtungen gehen, ehe wir unseren Ort und Weg finden. Wir müssen vier Seiten abtasten, ehe wir eine Sache begreifen. Wir müssen hin- und hergehen auch im Geviert unserer Seele, mit dem Kopf, mit dem Herzen und allen Sinnen denkend. Und wir müssen dabei finden, daß wir selbst Erde sind, Wasser, Luft und Feuer.

Seit meinen jungen Jahren begleitet mich wie ein Grundton in allem Erfahren und Erleben, in allen Gedanken und Empfindungen das Wort Hölderlins, mit dem er seinen »Hyperion« schließt: »Eines sein mit allem, was lebt ...« In diesem Wort fand der Schüler von damals seinen Traum wieder von der mystischen Einheit der Seele und der Welt. In dieses Wort flüchtete sich der junge Soldat, wenn ihm die Welt der Menschen mit ihrer Gewalt und ihrer Unwahrheit unerträglich wurde. In ihm fand der Erwachsene den Weg zu den Menschen und ihrem Elend. Und in ihm erkennt der Älterwerdende das Ziel, das über die Jahre des Lebens hinausliegt und erst in einer verwandelten Welt zu erreichen sein wird. Eins sein mit allem. Auch mit Gott. Auch mit dem lebendigen Geist, der von oben ist. Nicht abgetrennt vom Lebendigen, sondern von ihm durchpulst. Nicht allem anderen gegenüberstehend, angstvoll oder anmaßend, sondern ihm zugehörig und so dem Fluch der Entwurzelung nicht verfallend, der die Ursache so vieler Krankheiten der Seele ist, dem Haß gegen die Dinge nicht verpflichtet, der heute eben dies »alles, was lebt«, zerstören muß.

Mir schien schon als Kind, die Dinge bestünden nicht eigentlich aus festem Stoff. Und je länger ich noch heute einen Stein betrachte, einen Baum, ein vor mir liegendes Land, desto durchscheinender werden sie, als wären sie aus Kristall, aus Glas oder eigentlich nur aus Gestalt gewordenem Licht. Ich empfinde, wie sie leben, wie sie atmen, auch die Dinge, die wir für tot halten. Ich empfinde, daß ein großer Rhythmus sie in Bewegung hält, eine große Wärme sie durchströmt, ein großer Gedanke sie aufbaut, ein weiter, lichter und sehr lebendiger Horizont sie umgreift. Ich verstehe leicht, daß unsere Vorfahren sich bemühten, die »vier Elemente« zu verstehen, die Urformen aller sichtbaren Gleichnisse, die in Farbe und Gestalt von dem reden, dessen Gestalt und Wesen uns so lange unsichtbar bleiben, bis wir erwachen und er uns die Augen öffnet.

Denn die Schöpfung lebt von den Brechungen des Lichts. Wir sehen Farben, nicht das Licht, Spiegelungen sehen wir, Fenster. Abglanz. »Licht vom unerschaffenen Lichte.« Wir sind Wesen dieser Erde, und wer die Erde verstehen will, der wird seine Lebendigkeit einbringen müssen, mehr als seine Kenntnis. Wer der Welt nur kritisch beobachtend gegenübersteht, wird sie nicht begreifen. Er ist ein Teil von ihr, und sein Wesen ist eins mit dem Wesen aller Dinge. Und sein Herz muß so groß sein, daß es Raum hat für das Geheimnis, das in allen Dingen ist.

Man hat unter uns Christen immer wieder gemeint, ein Christ gewinne nichts durch das, was im »Buch der Natur« zu lesen sei. Vielleicht aber kann ein Mensch, dem Christus begegnet, doch auch klarer und farbiger wahrnehmen, was sich ihm über Auge und Ohr und alle Sinne erschließt. Wird er nicht erst recht verstehen, daß wir »weniger sind als ein Stäublein auf der Waage« oder »ein Tropfen des Morgentaus« und doch von Gott geliebt und in seiner Güte bewahrt?

»Denn es ist alles dein, Herr,
du Liebhaber des Lebens,
und in allem ist dein unvergänglicher Geist.«

Eine russische Ikone aus dem 16. Jahrhundert schildert die Einheit und Universalität des Gesangs, zu dem der 148. Psalm den Kosmos aufruft:

Alles, was ist, soll einstimmen
in ein Lied der Freude über Gott.

Stimmt ein, singt mit,
alle, die oben sind, in der Höhe!
Singt mit, ihr Engel
und das ganze Heer seiner himmlischen Diener.
Singt mit, Sonne und Mond!
Singt mit, ihr leuchtenden Sterne.
Singt mit, ihr Welten, die Gottes Wohnung sind.
Singt mit, ihr unendlichen Räume im All.
Die sollen den Herrn rühmen,
denn sie sind sein Werk.

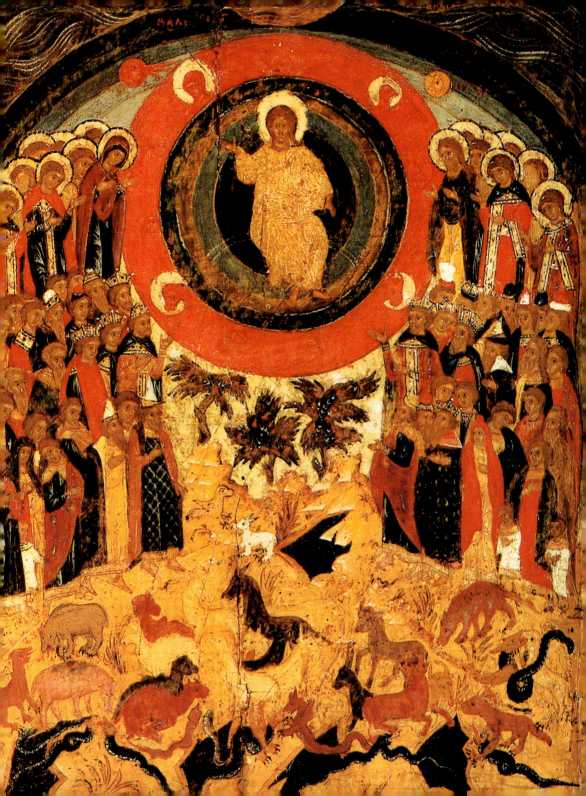

Stimmt ein, singt mit,
alle, die ihr unten auf der Erde seid,
bis hinab zu den Ungeheuern
in der Tiefe des Meeres!
Singt mit, Gewitter und Hagel!
Singt mit, Schnee und Nebel!
Sing mit, du Sturmwind,
der seinen Willen ausrichtet!
Singt mit, ihr Berge und Hügel,
ihr Fruchtbäume und ihr Zedern,
ihr wilden Tiere und ihr Tiere im Haus!
Singt mit, Würmer und gefiederte Vögel!

Stimmt ein, singt mit,
ihr Könige der Erde und ihr Völker alle!
Ihr Fürsten und ihr Richter,
die die Erde ordnen.
Ihr jungen Männer, ihr jungen Frauen,
ihr Greise samt den Kindern!
Sie sollen den Herrn rühmen,
denn er allein hat die Macht.
Seine Hoheit glänzt über Erde und Himmel.
Er wird seinem Volk Kraft geben,
und sein Glanz wird ein Licht sein
für alle, die ihm zugewandt sind.

Rühmet den Herrn!

Ist uns, was wir christlichen Glauben nennen, nicht zu einem schmalen Ausschnitt der Wahrheit verkümmert? Unzählige Menschen dieser Zeit empfinden, was sie wahrnehmen, lasse sich mit der christlichen Überlieferung nicht mehr verknüpfen. Viele empfinden, was in unserer Welt geschehe, bedrohe uns tödlich, und was als christlicher Glaube gefordert werde, helfe nicht mehr zum Leben.

Viele, die sich heute mit großen Erwartungen um Bilder und Gedanken fremder Religionen und Weisheitslehren mühen, fragen sich, warum nur wir Abendländer ein religiöses Erbe weiterzutragen hätten, das nicht mehr taugt, und sie enden in Trauer, in Ratlosigkeit und hoffnungsloser Suche nach Wahrheit. Denn da sind zwar uralte Traditionen, aber sie sind uns verlorengegangen. Alles, was ist, ist gut, sagt der Dichter des Buches der Weisheit. Es ist aus Gott. Gott aber ist ein Liebhaber des Lebens, und die vitale Energie in allem ist sein unvergänglicher Geist.

Es gilt wohl, mit allen Sinnen und Kräften wahrzunehmen, was ist. Es gilt, das Ganze wahrzunehmen mit den Mitteln des ganzen Menschen und so vielleicht wieder neu Einsicht zu gewinnen in das, was die Welt im Innersten zusammenhält, den Geist Gottes. Es gilt, Einsicht zu gewinnen in das Geheimnis der Schöpfung, von dem die Bibel sagt, es bestehe in einem leisen und allgegenwärtigen Wort, in einem alles durchklingenden »Gesang«. Vielleicht kann es doch auch uns modernen Menschen gelingen, in den großen Gesang der Schöpfung mit unserem eigenen Lied einzustimmen und den zu rühmen, von dem und durch den und zu dem alle Dinge sind. Dieses Buch will dazu eine kleine Einübung sein.

ERDE

Ich will dich rühmen, Herr!

**Mein Gott, wie bist du so groß! …
Zuverlässig ist die Erde, auf der wir stehen,
du hast sie gegründet …**

**Die Berge stiegen hoch empor,
und die Täler senkten sich ab
an den Ort, den du ihnen bestimmt …**

**Du läßt die Bäche rinnen durch die Täler,
zwischen den Bergen laufen sie dahin.
Sie tränken die Tiere auf dem Feld,
und die Wildesel löschen ihren Durst.
An ihren Ufern wohnen die Vögel,
die unter dem Himmel fliegen,
und singen unter den Zweigen.**

**Du tränkst die Berge mit deinen Wassern,
aus deinen Wolken sättigt sich die Erde.
Du lässest Gras sprießen für die Tiere
und Saatgrün unter der Arbeit des Menschen,
daß er sich Brot aus der Erde hole
und Wein, der sein Herz erfreut.
Daß sein Gesicht fröhlich sei von dem Öl,
das er erntet,
und daß sein Brot sein Herz stärke.**

Erde

Satt trinken sich die Bäume des Herrn,
die Zedern des Libanon, die du gepflanzt hast,
wo die Vögel nisten,
der Storch, dessen Haus die Zypressen sind.
Die hohen Berge gehören dem Steinbock,
Felsen geben dem Klippdachs Wohnung.

Du, Gott, schaffst Finsternis. Es wird Nacht,
und das Getier des Waldes beginnt sich zu regen.
Die Löwen brüllen nach Raub
und fordern ihre Speise von dir.
Wenn die Sonne aufstrahlt,
ziehen sie heim und legen sich in ihre Höhlen.

Da tritt dann der Mensch heraus, geht an sein Werk
und tut seine Arbeit bis zum Abend.
Herr, unendlich reich sind deine Werke.
In deiner Weisheit hast du sie alle erschaffen,
und die Erde ist deiner Schöpfungen voll.

PSALM 104

Erde

Wohnen und Stehen

Ich trete vor einen Waldrand. Zwischen den Stämmen trete ich ins Freie und schaue über das Land – am frühen Morgen, wenn am meisten Leben ist, oder am Abend, wenn alles in Ruhe übergeht. Felder, Wiesen, Wege, Bäume, Häuser breiten sich vor mir aus, und ich stehe dem allem gegenüber. Allein.

Ich empfinde, daß ich schwer bin, stehend auf meinen Beinen, meinen Fußsohlen. Ich empfinde, daß ich aufrecht stehe, einem Baum ähnlich. Gegründet, ähnlich einem Haus. Mit der Weite verbunden, ähnlich einem Feld. Unter mir ist Festigkeit. Verläßlichkeit. Ich stehe, und ich kann lange stehen. Unter mir ist das Dauernde, die Erde, das Beharrende. Unten ist die Schwerkraft, und ich antworte ihr mit meinem Stehvermögen. Sie gibt mir Festigkeit, nicht im Wind wegzuwehen. Ich empfinde, daß ich hier, wo Festigkeit ist und Dauer, zu Hause bin. Hier ist mein Ort.

Ich liege im Gras. Ich strecke mich aus unter dem Gezweig eines Buschs, in Gesellschaft von unzählbarem kleinem Getier. Ich bin zuhause, wo Erde ist, und weiß mich aufgenommen in die Gemeinschaft der lebendigen Wesen um mich her.

Ich gehe einen Weg entlang zwischen Wald und Gebüsch, über Heide und Ackerland. Da leuchtet eine Blume auf gegen die frühe Sonne, als wäre sie selbst Licht, ein transparentes, zartes Geschöpf, aus Erde, aus kompaktem Grund, aufgewachsen wie ein Schmetterling.

Es geht aufwärts. Ich suche Halt und Tritt zwischen den Steinen und greife nach ihren Kanten und Spitzen. Ich greife nach dem harten Kalk, der mir standhält oder unter meinem Zugriff bricht. Der

ERDE

Stein erzählt mir von unvorstellbaren Zeiträumen, in denen Milliarden von Wassertieren hier krochen oder schwammen. Lebendiges Gestein, das in ferner Vorzeit wuchs.

Ich stehe oben, über den Kuppen und den Tälern, die wie Kulissen hintereinander liegen, bis sie am Horizont verblassen. Ich möchte mich fühlen wie einer, der oben ist, und weiß doch, daß diese Berge länger in diese Höhe reichen werden als ich bei meinem kurzen Besuch.

Ich nehme eine Handvoll Erde auf und stelle mir das urlebendige Leben in jeder Krume vor: Die halbe Milliarde an winzigen Lebewesen, an Erdamöben oder Springschwänzen, die in jedem Löffel voll Erde Raum haben und ohne die unsere Erde tot und unfruchtbar wäre.

Ein Baum liegt zwischen Bäumen, eben gefällt, und ich betrachte seine Jahresringe. Sie sind nicht gleich. Trockene und nasse Jahre zeichnen sich in wechselnden Abständen ab. Die Ringe sind nicht rund. Störungen müssen gewesen sein, Verletzungen, Verwachsungen. Auch ein Baum hat sein Schicksal, und es sind die Erde und der Himmel, die Bäume neben ihm und das Getier unter ihm und ich, der Mensch, die es ihm bereiten.

Ich sehe den Tag heraufkommen und weiß: Er wird mir eine Folge von acht oder zwölf oder fünfzehn Stunden der Helligkeit bringen. Ich kenne den Rhythmus von Tag und Nacht und folge ihm mit meinem ganzen Körper, meiner ganzen Seele. Ob die Sonne kommt, ist nicht fraglich. Es ist kein Zufall, kein Glücksspiel. »Du hast ihren Lauf bestimmt«, sagt der Psalm.

Erde

Die Zeit fließt, sie springt nicht. Ich werde nach einer Stunde aus meiner Betrachtung zurückkehren und an meine Arbeit gehen. Ich muß nicht befürchten, daß ich danach entdecke, was die Märchen schildern: daß ich hundert Jahre geträumt habe.

Ich empfinde eine Art großer Weltenuhr. Die Gestirne gehen ihre Bahn in genauen Zeiten – die Jahreszeiten, die Mondphasen. Morgen. Mittag. Abend. Stunden. Augenblicke. Ich kann lange Zeit leben, als gebe es diese Uhr nicht, lange Zeit, ohne ihren Stand zu sehen. Aber immer wieder sind Augenblicke nötig, in denen ich sie gehen höre, als hörte ich den Herzschlag der Welt.

Die Erde gibt mir ihre Zeichen. Die Gebärde eines Baums spricht zu mir. Die Gestalt eines Hügels. Der Geruch eines Moors, der Geschmack einer Waldbeere, der Ton eines Vogels, die Wärme im Leib eines Tiers, die Kälte im Wasser einer Quelle. Dies alles sind Signaturen, die mir der große, lebendige Leib der Erde zuwendet. Sie öffnen mir den Zugang zu ihrem Wesen, ihrer Freundlichkeit und Fremdheit, zu Leben und Tod, die mein Teil an ihr sind, oder offenbaren sich an dem Widerstand, den der Fels meiner tastenden Hand entgegensetzt.

Ich selbst aber gebe wiederum der Erde meine Zeichen. Ich wende ihr die Signaturen meines Menschenlebens zu, und sie nimmt sie auf. Ich öffne die Krume und säe oder pflanze. Ich nehme ihr Gestein und baue mein Haus. Ich mache Werkzeuge aus dem Erz aus ihrem Inneren. Ich untersuche ihren Stoff und nutze, was ich dabei erkenne, und gestalte auf ihrer Oberfläche eine künstliche Welt aus Straßen und Brücken, Städten und technischem Gerät. Ich greife in das unendlich feine Netzwerk ein, und wenn ich dies alles ohne Ehrfurcht tue, ohne Behutsamkeit, dann ist nicht gewiß, daß das Leben, das ich ihr gönne, am Ende ausreichen wird, um das gemeinsame elementare Leben von Erde, Wasser, Luft, von Tier und Pflanze und uns Menschen zu erhalten. Es ist lebensnotwendig für die Erde und für mich, daß ich ihre Sprache verstehe.

Umgang mit der Erde, das ist Spurensuche im Geheimnisbereich des Lebendigen. Denn alles hat Leben, auch der Stein, auch der Fels, auch Sand und Geröll. Alles hat Leben, auch das schweigende, auch das lautlose Sein, aufgebaut aus dem Urgestein der Tiefe; und alles, was lebt, entstand einmal aus der Dauerhaftigkeit und heimlichen Lebendigkeit des Gesteins. Denn Gestein ist Licht, mitten im Dunkel der Erde schimmernd, Werk schaffender Kräfte und unendlich geduldigen Wirkens. Und wenn wir hören, was Physiker unserer Tage über das Wesen der Materie sagen, so ist Gestein nicht nur Licht, sondern auch Klang, schwingende Energie.

Die Erde hat ihre Vergangenheit. Berge sind einmal entstanden, Klüfte aufgerissen. Dann stürzten die Berge wieder ein, und aufs neue wurden Täler ausgewaschen. Die Erde, die uns so dauerhaft scheint, hat ihre Lebensgeschichte wie nur irgendein Mensch, der auf ihr steht.

Aus dem Gestein wurde die Ackererde, die in meiner Hand liegt. Ton. Bildsame Masse, aus der die Leiber von Pflanzen und Tieren werden und in die sie sich wieder zurückverwandeln. Ton, in den Menschen die ersten Schriftzeichen drückten, in den sie die ersten Furchen zogen, aus dem sie die ersten Gestalten schufen mit der Phantasie ihrer Hände. Alles ist Erde, und ich, der Mensch, bin ein Teil von ihr. Eingewurzelt in sie mit Leib und Seele und lebendig nur, solange sie mich nährt.

Erde

Es war nicht so primitiv, wie wir meinen, es war nicht nur eine Frühstufe menschlichen Erfahrens, wenn Menschen der alten Welt in der Erde die große Mutter sahen, licht und warmherzig, dunkel und drohend zugleich. Wenn sie heilige Berge verehrten, heilige Höhlen, heilige Bäume als Orte, an denen sie die Kraft der Erde in ihr physisches und geistiges Leben aufnahmen. Es war nicht primitiv, wenn sie im heiligen Tier eine Energie verehrten, aus der sie lebten und die zu bezwingen ihnen zugleich aufgetragen war. Eher mag man die Weise, in der wir heute mit unserer Erde verfahren, primitiv nennen.

Aber alles, was mir auf der Erde und in ihr begegnet, hat ein mir abgewandtes Geheimnis. Die Bibel sagt, die Erde sei aus einem »Wort« hervorgegangen, einem lichtschaffenden, schöpferischen »Wort«, das Gott gesprochen habe, und sie werde vergehen, wenn dieses Wort verklingen sollte, aufhören, verstummen. Was da lebendig sei, sei es, weil es im Schwingungsfeld der schöpferischen Gegenwart Gottes stehe.

Wenn Christen von Gott sagen, er sei »allgegenwärtig« – was bedeutet uns das? Heißt das nicht, wir hätten Gott in allem, was uns widerfährt oder widersteht, zu suchen? Ist Gott nicht im Fels – wo mag er dann »gegenwärtig« sein? Ist er nicht in allem Geschaffenen, was meinen wir dann, wo er sei? Eine Binsenweisheit ist es, gewiß, daß Gott unzugänglich sei und ungreifbar. Aber es ist sein eigenes, in Gegensatz und Widerspruch sich ausdrückendes Geheimnis, daß er uns die Signaturen seines Schaffens zuwendet in allem, was wir sind und was uns umgibt. Die Erde ist nicht Gott, aber sie ist Gottes voll. Wenn mir eins ganz gewiß ist, dann dies. Daß der Ort, auf dem wir stehen, heiliges

Land ist, ist der Grundgedanke, ohne den alle Frömmigkeit ohne Ort bleibt.

So bittet der frühe Mensch in der Sprache des Ackerbauern, wenn er sein Kind segnet: Gott gebe dir vom Tau des Himmels und von der Fettigkeit der Erde! Und in der Sprache des Nomaden, des Hirten, des Wanderers: Gott gebe dir »weiten Raum«. In ihm und auf seiner Erde. Und das Leben, das aus solchem Segen erwächst, der Grund, auf dem es gedeiht, ist heiliges Land.

Aber jede Erfahrung hat auch ihre Nachtseite. Die Erde zeigt mir auch, daß sie eine strenge Herrin ist, fremd und überlegen. Mit oder ohne Gott weiß ich, daß sie mir nicht nur gestattet, auf ihr zu stehen, meiner Freiheit bewußt, daß sie vielmehr meine Freiheit konsequent begrenzt. Daß sie unerbittlich auf ihren Gesetzen, Ordnungen, Zeiten und Rhythmen besteht.

Ich kann nicht ändern, daß Winter und Sommer sind, Tag und Nacht. Ich kann nichts daran ändern, daß die Lebendigkeit der Erde darauf beruht, daß jedes Leben ein Ende nimmt und jedes Lebewesen der Lebendigkeit der Erde am Ende sein eigenes Leben zum Opfer zu bringen hat. Ich kann das Wasser in der Wüste nicht vermehren. Wenn ich Brunnen grabe, mache ich die Wüste wasserärmer als zuvor und am Ende unbewohnbar. Das ist eisernes Gesetz. Wo kein Regen ist, helfen viele Brunnen nur zum Tode. Meine Klugheit hat immer den kürzeren Atem als die Weisheit der Erde. Ich kann das Tagewerk jener Menschen, deren Land ich einmal von oben sah, nicht erleichtern. Erde war da zu sehen, nackte, braune Erde, und die Häuser, in denen sie lebten, waren Erde wie sie selbst, die Menschen, in ihrem heißen, trockenen Land.

Erde

Ich empfinde, daß ich dieser Erde nicht gegenüberstehe als ihr Herr oder ihre Herrin, daß ich vielmehr ihr Teil bin und daß ich ihre Kräfte nur erlangen kann, indem ich mich ihren Kräften einfüge. Erkenntnis der Erde und ihrer Macht kann bitter sein, und ich kann mich auflehnen in meiner Bitterkeit. Ich kann sagen: Diese Erde wird meinem Willen gehorchen. Ich werde erzwingen, was sie nicht willig tut.

So drückt sich in der Entwicklung der technischen Zivilisation ein zorniges Aufbegehren aus gegen die Grenzen, die uns Menschen auferlegt sind, und ein fruchtloses. Wir werden erfahren, daß die Erde nicht lebendiger und gütiger wird durch unseren Zugriff, sondern krank, und daß die Krankheit der Erde uns am Ende einholen wird. Wir werden erkennen, wenn wir alle Krankheiten »im Griff« haben werden, daß die von uns neu geschaffene Welt uns so krank macht, wie die Natur es uns bislang kaum auferlegt hat. Wir werden der Erde nicht unsere künstlichen Ordnungen aufgezwungen haben, sondern an ihnen zugrunde gehen.

Wir haben Grenzen: Grenzen des Verstehens. Das macht uns die Erde klar, und dagegen hilft keine Wissenschaft. Grenzen unserer Kräfte, dagegen hilft keine Technik. Grenzen unserer Zeit, dagegen hilft keine Medizin. Grenzen unserer Reichweite, dagegen hilft keine Raumfahrt.

Wenn ich mit wachen Sinnen vor einem Feld stehe, erkenne ich, daß ich nicht der bin, der alles weiß, alles kann, alles macht, sondern ein Wesen dieser Erde, nicht weniger abhängig von ihr als Hase, Amsel, Maulwurf oder Zikade. Das Lebensgesetz, das für die übrige Kreatur gilt, gilt auch für mich. Ich bin aus dieser Erde gemacht. Ich

kehre in sie zurück, und am Ende wird aus meinem Stoff neues Leben gemacht, das nicht mehr mein Leben ist.

Ich stehe noch immer vor dem Waldrand und sehe das Land vor mir. Seine Ferne, seine Weite, seine Höhe. Meine Sinnesorgane reichen aus dafür, daß ich hier leben kann. Aber um diese Welt wirklich zu verstehen, bedürfte ich noch ganz anderer Sinne. Ich lebe in den drei Dimensionen, die uns Menschen zugewiesen sind. Wir reden aber heute von fünf oder zehn oder noch mehr Dimensionen, wir berechnen sie, wir vermuten sie, wir ahnen sie. Ich bin überzeugt, daß den Erfahrungen, die wir in der Länge, Breite und Höhe dieser Welt zu machen fähig sind, unendliche Erfahrung gegenübersteht, die wir machen müßten, um auch nur ein einziges Ding in ihr wirklich zu verstehen. Wir sind umgeben und durchdrungen von einer ganz anderen, größeren, vieldimensionalen Welt, in der Gott gegenwärtig ist, und ich glaube, daß es möglich ist, sich ihr anzuvertrauen, weil Gott in ihr sein leises Wort spricht.

Die Bibel sagt:

Er, Gott, hat alles schön gemacht zu seiner Zeit.
Er hat den Menschen die Ewigkeit ins Herz gelegt,
nur daß der Mensch das Werk, das Gott tut,
nicht ergründen kann – weder Anfang noch Ende.
PREDIGER 3,11

Erde

Für ein Kind

Geh um den Berg, geh leise,
denn der Berg ist still und sanft,
stell dir das weite Tal vor
auf der anderen Seite des Berges,
denk dich durch den Berg
in das ungeschützte Tal,
wo vielleicht Gefahr ist oder Schmerz.

Zieh einen Kreis aus Gedanken
um den sanften, stillen Berg,
und der Berg wird zu Kristall,
und du siehst das offene Tal
durch den kristallenen Berg,
und die ganze Wahrheit des Berges
und Tales ist dein.

Und geh um den Berg, geh behutsam,
und betritt es leise,
das friedvolle Tal,
wo das Herz des Kristallbergs
schlägt.
DER INDIANER BLUE CLOUD

ERDE

Mit dem Herzen denken

Ich gehe meinen Weg und nehme wahr, was um mich her geschieht. Was muß ich tun, um es zu verstehen? Nachdenken, sagen wir. Wir sind weithin überzeugt, mit Empfindung und Betrachtung sei nichts zu gewinnen. An die Stelle der Ungenauigkeiten der Sinne und der Gefühle habe die Klarheit des Verstandes zu treten, und in der Tat hat uns ein breites System von Wissenschaften den Zugang zur Wirklichkeit dieser Welt wirksam verbreitet. Es geht aber heute darum, zu entdecken, wie wir wirklich zu den Dingen und den Gesetzen des Daseins stehen, und den Zusammenhang zu sehen zwischen dem erforschbaren Vordergrund und einem verborgenen, weiten und tiefen Hintergrund dieser Welt. Wir sind nun einmal eingebettet in das Mysterium der Schöpfung, und die Wahrheit findet man nicht am Ende eines langen Weges wissenschaftlicher Forschung, sie war vielmehr den Erwachten unter den Menschen schon zu Urzeiten vertraut.

Der moderne Umgang mit der außermenschlichen Natur und der Natur im Menschen selbst hat uns zwar materiell reicher gemacht und unseren Verstand mit beliebig verfügbarer Faktenkenntnis angefüllt, aber wir sind nicht schöpferischer geworden, nicht wissender, nicht glücklicher. Die Naturwissenschaft hat uns nicht sagen können, wer wir selbst sind. Sie hat uns nicht helfen können, mit unseren eigenen Erkenntnissen und Befähigungen Schritt zu halten. Sie hat uns keine Antwort geben können auf die Frage, welchen Sinn dieses Dasein hat. Es ist hohe Zeit, ein anderes Denken einzuüben.

Wenn ich hier in Symbolen rede oder mir die farbigen Bilder von Erde, Feuer, Luft und Wasser wichtig sind, dann deshalb, weil es ganz offenbar mehr gibt als den bloßen Verstand, nämlich eine Klug-

Erde

heit der Sinne, eine Weisheit des Leibes und der Seele, die unserem Verstande um weite Strecken voraus sind. Alle unsere Kräfte sind fähig, zu denken, und wir urteilen, erfahren und erkennen zugleich immer auch mit Händen und Füßen, mit Geschmack und Geruch, mit Auge und Ohr, mit dem Atem, mit dem Kreislauf des Blutes und – eben auch – mit dem Verstand.

Die Bibel spricht in diesem Sinn und Zusammenhang vom »Herzen«. Sie meint nicht das Organ »Herz« im Zentrum des rhythmischen Systems unseres Körpers, sie meint vielmehr den ganzen Menschen. Sie meint den, der »Ich« zu sich sagt und dabei eingebunden ist in alle seine Kräfte und Organe, eingebunden in die Erfahrungen und Wünsche und Träume seiner Seele, eingebunden auch in die Schöpfung außerhalb seiner, und sie bezeichnet diese vielfältige Ganzheit nach innen und außen als »das Herz«. Und so, mit dem Herzen, meine ich, gelte es zu denken.

Denn solange ich mit dem Verstande allein denke, bin ich noch nicht wach geworden gegenüber dem, was mich umgibt, mich trägt, mich lebendig macht und wachsen läßt, auch nicht wach dem gegenüber, was ich selbst bin und was in meiner Seele geschieht. Über das reine Denkvermögen hinaus muß ich eine Wachheit des ganzen Menschen erreichen, wie sie die Eingeweihten aller Zeiten und Kulturen immer schon gefordert haben.

Wer mit dem Herzen denkt, lebt aus der Kraft, die ihm aus der Erde zufließt über Leib und Seele, und dankt ihr mit jener Zartheit der Mitverantwortung, die die Erde an ihm sucht.

Wer mit dem Herzen denkt, verwandelt seine Erfahrung nicht in Überlegenheit, nicht in Gewalttat oder Vorrecht, sondern in Freundlichkeit gegenüber aller Kreatur.

ERDE

Wer mit dem Herzen denkt, der steht der Erde nicht in erster Linie als der gegenüber, der sie verändern will, sondern als ein Hörender und Schauender. Er lauscht ihrer Lebendigkeit, nimmt ihre Bilder in sich auf und tut am Ende, was für sie und ihn zugleich gut ist.

Wer mit dem Herzen denkt, weiß, daß es nicht nur das Recht der Täter gibt, sondern auch ein Recht alles dessen, was einfachhin nur »ist«, und er weiß auch, daß es zuletzt nicht auf das ankommen wird, was er leistete, sondern auf das, was er selbst wurde.

Wer mit dem Herzen denkt, empfindet die Würde dessen, was länger dauert als seine Jahre und beständiger ist als er selbst. Er empfindet die Würde des Dauernden auch in seiner eigenen Lebensgeschichte. Er hat ein langes Gedächtnis für das, was er zu irgendeiner Zeit getan, erlitten oder empfunden hat. Er hält Menschen fest, die er geliebt hat und liebt, und dankt für viel, das er empfangen hat.

Wer mit dem Herzen denkt, hat den Anfang zum Vertrauen gefunden. Er weiß, daß alles, was geschieht, zu seiner Zeit geschieht, und darum auch künftig, was geschehen muß und soll, zu seiner Zeit, der Zeit Gottes nämlich, geschehen wird.

Wer mit dem Herzen denkt, unterscheidet nicht nur zwischen dem, was er wissen kann, und dem, was er glauben muß. Er kennt ein unbeweisbares Wissen, das doch klar und gewiß ist, und das gegründet ist auf seine Erfahrung und das Urteil seines Herzens. Er sieht im Kleinsten noch die Fülle der »vielfarbigen Weisheit Gottes«, von der das Neue Testament spricht, die sich in uns offenbaren soll, die Fülle jener Weisheit, die »zu Füßen Gottes spielte«, als die Welt entstand, und versucht, sein eigenes Spiel in der Weisheit, die ihm verliehen ist, zu Füßen Gottes zu spielen.

ERDE

Denn das weiß, wer mit dem Herzen denkt: Gott – wer immer das sei, den wir so nennen, wie immer wir ihn uns denken, was immer wir von ihm erwarten – ist in allen Dingen. Er ist außerhalb der Dinge und über alle Geschöpfe hinaus und doch in allem, was ist. Er ist der Fremde und der Nahe zugleich. Er ist das Rätsel schlechthin und hat uns doch in eine Welt gestellt, die uns aufnimmt in ihren großen, lebendigen, wunderbaren und rätselvollen Zusammenhang.

Wenn wir das sagen: »Gott ist in allen Dingen«, dann legt sich das Mißverständnis nahe, wir dächten »pantheistisch«. Der Pantheismus sagt: Gott besteht in den Dingen. Die Dinge sind Gott. Die Bibel aber sagt: Gott ist in den Dingen, und die Dinge sind in Gott. Sie will sagen: Der Schöpfer und das Geschöpf werden nie und nirgends identisch sein, aber sie sind durch die Gegenwärtigkeit des Schöpfers in den Geschöpfen geheimnisvoll und unaufhebbar verbunden.

Dies zu erfahren und zu bedenken ist auch uns modernen Abendländern möglich. Wir fühlen uns als alte Kultur, in der alles schon einmal gedacht worden ist, als eine alte Kirche auch, in der alle denkbaren Glaubenssätze schon einmal aufgestellt und bestritten worden sind, sowohl der, Gott sei seinen Geschöpfen nahe, als auch der, er sei der ganz Andere, fern von der Welt. Aber man ist so jung wie das Staunen und so alt wie die Resignation. Man ist so jung wie die Empfänglichkeit der Sinne und so alt wie die Stumpfheit der Seele, so jung wie das Mitfühlen und so alt wie die Gleichgültigkeit.

Jesus sagt: »Selig sind, die reines Herzens sind, denn sie werden Gott schauen.« Und er sagt zu seinen Freunden: »Ihr seid rein, weil mein Wort durch euch hindurchgegangen ist.« Das schöpferische Wort also muß durch das Herz gehen, so wird das Herz rein. Das reine Herz ist das von Gott durchströmte Herz, das lebendige, das warme, das

ERDE

liebende und das getröstete. Und dieses Herz, das von Gott durchwandert wird, schaut Gott. Jetzt – nicht erst in der Ewigkeit.

Wenn ich nun mit dem Herzen denke und die Verletzlichkeit, die Verwundbarkeit von Geist, Seele und Leib kenne, wird sich mir im Nachdenken über die Erde auch ihre Heilkraft kundtun. Je länger jener Kräfteverfall, den wir »Depression« nennen, unter den Menschen um sich greift, verursacht weithin durch die Wurzellosigkeit des heutigen Daseins, desto dringlicher wird es sein, daß wir in die elementare Welt mit Leib und Seele und Geist einwurzeln.

Berge zu besteigen oder Wälder zu durchwandern ist nicht nur schön. Es heilt. Ein Moor ist nicht nur von lebendigster Schönheit, es ist auch von großer heilender Kraft. Barfuß im Watt zu gehen oder den Körper bis zur Erschöpfung zu beanspruchen, mit Erde umzugehen, mit der Lust eines Kindes Erde und Wasser zu mischen und darin mit den Händen Formen zu gestalten ist Erfahrung heilender Kräfte. Kräuter oder Gestein so zuzubereiten, daß sie eine lebendige Antwort geben auf das Leiden eines Organs, heißt der Heilkraft der Erde zu vertrauen. Daß aber ein Kraut und eine Krankheit aufeinander bezogen sind, sagt die Bibel, ist ein Zeichen der Weisheit, die Gott in die Erde gelegt hat. Und es ist letztlich eine religiöse Frage, ob die ärztliche Kunst mehr als nur die Krankheit zu heilen vermag: den ganzen Menschen nämlich. Denn nichts, was wir tun, kann sich lösen aus dem Netz der Beziehungen zwischen unserer Erde, unserem Leib, unserer Seele und allen unseren geistigen Kräften. Der Leib hat weder seine Gesundheit noch seine Krankheit für sich allein. Immer ist er verbunden mit allem, was ihn anrührt von außen oder innen, so gewiß weder Geist noch Seele auf dieser Erde leben werden ohne den Leib.

Erde

Dies, nebenbei gesagt, wollte die frühe Kirche ausdrücken, wenn sie von der »Auferstehung des Leibes« sprach. Gegen den Geist ihrer Zeit, der den Leib gegenüber dem Geist abzuwerten gewohnt war, bekannte sie, der Leib sei ein bewunderungswürdiges Werk Gottes. Er gehöre nicht nur dem Menschen an, der Mensch selbst vielmehr sei, wie er Seele und Geist sei, Leib. So griff sie nach dem höchsten Punkt, der ihr erreichbar war, und sprach davon, wenn der Mensch nach seinem Tode in ein neues Leben eintrete, werde er wieder ein leibliches Wesen sein, der Erfahrung also, der Empfindung, des Tuns und Wirkens fähig, der Gemeinschaft offen und doch eins in sich und unverwechselbar. Er selbst, der ganze Mensch, gestaltet nach Gottes Willen und Weisheit, werde über die Schwelle des Todes gehen und einen neuen Raum betreten, eine neue Dimension der Gottesgegenwart.

Soll ich mich also ängsten um die Kürze der Zeit? Wer mit dem Herzen denkt, kommt mit der Zeit zurecht, auch mit ihrer Kürze und Zwangsläufigkeit. Er erfährt sie und weiß, daß sie »in Gottes Händen steht«, wie der Psalm sagt. Daß sie also in Gottes Hand ein Stück Ewigkeit ist und gerade nicht ein flüchtiger Hauch. Und so wachse ich und bewege mich mit allem, was in der Begrenztheit der Zeit gleich mir langsam und leise wächst, und habe Geduld mit mir selbst und den unmerklichen Vorgängen von Wachstum und Stillstand und neuem Wachstum. Ich freue mich an der frischen Lebendigkeit dieser Erde. Alle Dinge bewegen sich, sie sind bewegte und bewegende Kraft, ein kosmischer Tanz der Elemente, ein Reigen von Werden und Vergehen und Neuwerden, ein Reigen von Verwandlungen. Warum sollte nur ich, ein Wesen dieser Erde wie alle, von diesem Spiel der Wandlungen ausgenommen sein, solange ich ihr Gast bin?

Ich glaube also an den Schöpfer dieser Welt, die ich bewohne, und an den Bildner jener viel größeren Welt, die ich ahne und, wenn es mir gegeben wird, mit den Augen des Herzens schaue.

Ich versuche ein paar wenige Gedanken Gottes mitzudenken, denn sie sind tiefer als die meinigen und höher als alle meine Vernunft. Ich nehme, wie es meinem Geist entspricht, weniges wahr, und mir ist mehr verborgen, als ich je sehen und begreifen werde.

Ich bin ein Felsen

Ich habe Leben und Tod gesehn.
Ich habe Glück erfahren, Sorge und Schmerz.
Ich lebe ein Felsenleben.
Ich bin ein Teil unsrer Mutter, der Erde.
Ich habe ihr Herz an meinem schlagen gefühlt.
Ich habe ihren Schmerz gefühlt
und ihre Freude.
Ich lebe ein Felsenleben.
Ich bin ein Teil unsres Vaters, des Großen Geheimnisses.
Ich habe seinen Kummer gefühlt
und seine Weisheit.
Ich habe seine Geschöpfe gesehn, meine Brüder,
die Tiere, die Vögel,
die redenden Flüsse und Winde, die Bäume,
alles, was auf der Erde,
und alles, was im Universum ist.
Ich bin mit den Sternen verwandt.
Ich kann sprechen, wenn du zu mir sprichst.

> ERDE

Ich werde zuhören, wenn du redest.
Ich kann dir helfen, wenn du Hilfe brauchst.
Aber verletz mich nicht,
denn ich kann fühlen wie du.
Ich habe Kraft, zu heilen,
doch du wirst sie erst suchen müssen.
Vielleicht denkst du, ich bin bloß ein Felsen,
der in der Stille daliegt
auf feuchtem Grund.
Aber das bin ich nicht,
ich bin ein Teil des Lebens,
ich lebe,
ich helfe denen,
die mich achten.
DER INDIANER CESSPOOCH

Verklärung der Erde

Die russische Frömmigkeit hat aus den Anfängen der Christenheit eine Hoffnung bewahrt, die uns im europäischen Westen lange schon zu unserem Unheil verlorengegangen ist. Sie sagt: Was mit Christus geschah, daß er nämlich auferstand aus dem Tode, das wird der ganzen Erde geschehen: Auferstehung.

Wir Westlichen haben jahrhundertelang unsere religiöse Hoffnung in die Unsterblichkeit der Seele gesetzt und empfanden darum kein Unrecht, wenn unser Tun die Erde zugrunde richtete. Die östlichen Christen setzten ihre Hoffnung auf die Auferstehung der Erde, auf die Erneuerung der Erde aus der Auferstehung des Christus, und übten lange schon jenes Mitempfinden und Mitleiden mit der Erde ein, ohne das etwas wie Christsein in unseren Tagen nicht mehr vorstellbar ist.

Das Himmelreich, so lesen wir in russischen Schriften, ist nicht die andere, sondern die ganze Welt. Was konnten wir in unseren westlichen Kirchen anfangen mit dem Wort des Paulus, die Kreatur sehne sich nach Erlösung, auch die Kreatur werde frei werden von ihrer Fesselung durch die Vergänglichkeit und die Freiheit der Kinder Gottes gewinnen? Was konnten wir damit anfangen, daß Paulus schreibt, die Menschen hätten das Amt, der Kreatur gegenüber in der Rolle und Verantwortung der »Söhne Gottes« zu wirken? Nichts. Es war und ist von jeher ein exotischer, ein seltsam fremdartiger Gedanke, Quelle mehr von Verlegenheit als von Einsicht.

Was am Ende mit Himmel und Erde geschehen wird, ist Gottes Geheimnis. Aber wenn Gott der leidenden Kreatur eine Erlösung zugedacht hat, kann es nicht Sinn unseres Glaubens sein, an der Kreatur vorbei unsere eigene Erlösung für den einzigen Sinn des Christusgeschehens zu halten. So spielt denn in der russischen Frömmigkeit die »Verklärung des Christus auf dem Berg«, von der das Evangelium erzählt, eine für uns Christen des Westens ganz ungewohnte Rolle. »Und Jesus nahm Petrus, Johannes und Jakobus beiseite und führte sie allein auf einen hohen Berg. Dort wandelte er sich plötzlich vor ihren Augen, sein Gesicht leuchtete wie die Sonne, und sein Gewand wurde schimmernd weiß wie das Licht. Und es erschienen ihnen Mose und Elia, die redeten mit Jesus ... Sie fanden sich plötzlich von Licht umgeben wie von einer Wolke und hörten eine Stimme rufen:

> ERDE

Das ist mein geliebter Sohn, den ich berufen habe. Den sollt ihr hören. Da warfen sich die Jünger in ihrer Angst auf die Erde. Jesus trat zu ihnen, rührte sie an und sagte: Steht auf, ängstigt euch nicht! Und als sie sich umblickten, sahen sie nur noch Jesus allein. Während des Abstiegs aber verbot ihnen Jesus streng, irgendeinem Menschen von der Erscheinung zu berichten, bis er aus dem Totenreich wiedergekehrt sei« (Lukas 9).

Von einer Verwandlung, einer »Metamorphose« spricht das Evangelium, einer Erscheinung, in der die Erde und das Irdische transparent werden, von einer Dimension des Geistes in die folgende. Nicht so, als wäre dies ein Ereignis in einer ganz anderen Welt. Das Auge der Jünger schaut das Licht. Ihr Ohr hört das Wort. Es ist eine Wandlung in der Folge der Wandlungen. Ostern wird ihr folgen und Pfingsten. Wer sich je eins wußte mit Gott, weiß, daß auch ihm selbst diese Wandlungen bevorstehen. Und er ahnt, daß auch diese Erde ihrer Wandlung entgegengeht.

Die Ikone, Werk eines griechischen Mönchs, der in Rußland gelebt hat, des Teofan Grek, also Theofanos, des Griechen, zeigt die Geschichte von der Verklärung Christi in allen ihren Phasen. Oben in der Ecke führen Engel die beiden Zeugen des Alten Testaments herbei, Elia links, Mose rechts. So stehen sie auch rechts und links des Christus: links Elia, mit hellem Bart und Haar, rechts Mose mit einer Gesetzestafel. Links der Mitte führt Jesus die drei Jünger auf den Berg, rechts steigen sie wieder ins Tal ab. Im unteren Drittel prallen die Jünger bestürzt zurück vor dem blendenden Licht. Petrus schaut noch mit erhobenen Armen, Johannes in der Mitte hält die Augen noch offen, wendet sich aber von der Lichterscheinung ab, Jakobus, rechts, bedeckt die Augen und wendet sich zugleich ab.

---- ERDE ----

In drei Gipfeln baut sich die Landschaft auf. Die beiden Bergspitzen rechts und links sind trocken, rötlich, wüstenhaft kahl, die mittlere, auf der Christus steht, hingegen grünlich zum Zeichen, daß zu Füßen des Auferstandenen das Leben regiert und nicht der Tod. Zwei Höhlen öffnen sich in diesem mittleren Berg: das Grab Christi und das Grab des Mose. Vor beiden steht je ein Baum: Die Gräber sind verlassen, die Toten leben. Elia hatte kein Grab, er fuhr im Feuersturm zum Himmel.

Wie eine Überhöhung des steilen Gipfels steht Christus im weißen Gewand vor einer bläulichen Aureole, aus der sechs Lichtzakken ausbrechen. Drei davon richten sich auf die drei Jünger im Vordergrund. Darüber hinaus fahren noch drei blaue Linien herab auf die Köpfe der drei. Christus selbst aber blickt zum Beschauer, mit halb abgewandtem Gesicht, und hebt die rechte Hand, um zu reden, während die linke die Buchrolle hält, das Evangelium.

Wichtig ist aber nun, daß die Aureole nach ihrem Mittelpunkt hin nicht heller, wie man vermuten möchte, sondern dunkler wird. Der Sinn dieser merkwürdigen Darstellungsweise erklärt sich daraus, daß das Bild von einem Griechen gemalt wurde und das russische Mönchtum jener Zeit stark von griechischen Traditionen bestimmt war. So kam auch die Lehre des griechischen Philosophen Dionysius Areopagita in die russische Kunst. Dionysius, der Vater der griechischen Mystik, lehrte, man könne das Licht Gottes nicht schauen, und da der Mensch für das Licht keine Augen habe, erscheine es ihm als tiefe Finsternis. Er sprach in diesem Zusammenhang vom »überlichten Licht« oder gar von der »überlichten Finsternis«. Je näher also der Mensch dem Zentrum des göttlichen Lichtes komme, desto dunkler erscheine es ihm.

Erde

Uns fällt auch auf, daß die Gewänder der drei Jünger ähnlich den Kleidern von Elia und Mose mit starken Lichtkanten an den Falten gemalt sind. Der Hintergrund ist der, daß auf dem Athos um 1400 eine ekstatische Bewegung die Mönche ergriffen hatte. Sie versetzten sich durch bestimmte seelische und körperliche Übungen in Ekstase, um die Lichtherrlichkeit Gottes zu schauen und dabei selbst verwandelt zu werden wie Christus bei der Verklärung auf dem Berg. Im Zustand der visionären Erhebung, so sagten sie, empfangen wir das »Gewand der Herrlichkeit«. Und sie werden so gleichsam die Vorläufer einer Verwandlung der ganzen Erde Gottes. Denn diese griechischen Ikonenmaler, die so auffallend häufig gerade die Verklärung auf dem Berg gemalt haben als eine Einübung des Malenden in das Geheimnis des Lichts, deuten an, was die russische Frömmigkeit immer festgehalten hat: daß es nämlich am Ende um die Verklärung der Erde gehe, um die Transparenz des Irdischen gegenüber der Herrlichkeit Gottes, die Lichtgestalt des Menschen, der in Christus ist, und die Lichtgestalt der Welt, die in Gott ist.

Am Wegrand

Ein glänzender Stein am Wegrand.
So klein – und doch so schön.
Ich hob ihn auf. Er war so schön!
Ich legte ihn wieder zurück
und ging weiter.
Der Indianer Calvin O. John

―――――――――――――――――――――――――――――(ERDE)―

Alles ist eins

Wenn ich den Empfindungen und Erfahrungen, die ich im Umgang mit der Erde gewinne, behutsam nachgehe, offenbart sich mir etwas wie ein Grundmuster der Welt. Ich finde immer wieder eine bewunderungswürdige Einheit aller Dinge. Ich bemerke, daß sich die Ordnungen, die ich finde, in allen Schichten der Wirklichkeit wiederholen.

Saat und Reife bestimmen den Jahreslauf auf der Erde, sie kehren wieder in mir selbst. Maßverhältnisse zwischen den Planeten kehren in meinem Körper wieder ebenso wie in den kleinsten Bauteilchen der Materie. Gesetze der Schwerkraft, an die ich auf unserer Erde gebunden bin, gelten auch in der Tiefe des Weltraums, in die mein Auge kaum reicht. Und so legt sich mir nahe, zu vermuten, daß überall, wohin ich mich wende, ähnliche oder gleiche Regeln, Ordnungen und Gesetze gelten. Was für meine Seele gilt, gilt unter Abwandlungen für das materielle Sein vom Leib des Menschen an über das Leben von Tier und Pflanze bis in die scheinbar leblose Materie von Erde und Gestein. Überall herrscht ein erstaunliches Zusammenspiel von Proportionen. Überall spiegelt sich eins im andern. Unsere Organe finden sich wie aufgezeichnet in der Ohrmuschel und noch einmal in den Fußsohlen. Die Abläufe von Werden, Vergehen und Neuwerden, das Wechselspiel von Leben und Tod gelten für den Kosmos ebenso wie für das Leben auf dieser Erde. Und so ist zu vermuten, was in unserer sichtbaren Welt gilt, werde auch für die unsichtbare gelten, die unsere sichtbare Wirklichkeit durchdringt.

Es gibt offenbar eine Art »Gesetz der Entsprechungen« oder der »Analogie« zwischen geistiger und materieller Wirklichkeit, und alle

Erde

Einsichten, die die Menschen je über die uns abgewandte Seite der Wirklichkeit gewonnen haben, gründen auf diesem offenbaren Zusammenhang. Was im Himmel gilt, gilt auf der Erde. Was im Geist gilt, gilt in der Seele und im Leib. Was im Herzen des einzelnen gilt, gilt für die Gemeinschaft der Menschen. Was für die Lebenden gilt, gilt für die Toten. Anders – gewiß. So, wie es der jeweils anderen Dimension angemessen ist.

So stehe ich den Dingen der Erde gegenüber. Ich lasse mich auf die Welt ein, die sich mir zeigt. Ich finde mich selbst wieder, gespiegelt in den Dingen. Das Gesetz der Analogie aber, das uns erlaubt, von unserer Erde aus auch über eine Welt nachzudenken, die unseren Sinnen entzogen ist, macht das Dasein verstehbar. Es gibt dieser Welt der Rätsel und Widersprüche eine erkennbare Struktur. Wenn aber Gott will, so begegne ich ihm, der jenseits von allem und zugleich in allem ist, in den Erfahrungen dieser Erde.

Nicht nur Forscher mit so starkem religiösen Bewußtsein wie Johannes Kepler, sondern auch Physiker von heute sprechen darum von einer in Klängen aufgebauten Welt, die sich nach den Harmoniegesetzen, die in der Musik gelten, begreifen lassen, einem Zusammenspiel von Schwingungen, die kunstvoll aufeinander abgestimmt sind. Wohin wir heute schauen, finden wir ein Feld von Schwingungen, die in immer wieder anderer Gestalt einander in Bewegung halten und durchdringen, wohin immer unsere Aufmerksamkeit sich richtet. Wo heute in den Naturwissenschaften oder in der Kunst tiefer gesehen wird, findet die Forschung immer wieder neu die erstaunliche Abgestimmtheit dieser Schwingungsfelder, und schon sprechen manche von einer kosmischen Harmonie, ähnlich einigen Philosophen der Antike, der Generation von Kepler oder Newton oder etwa auch dem Kirchenvater Basilius dem Großen, der die ganze Schöpfung einen »singenden Chor und einen Reigentanz« genannt hat.

Es ist uralte Überlieferung der Menschheit, entstanden aus der Erfahrung von Jahrtausenden und unter immer wieder anderen Bedingungen bestätigt, daß diese Übereinstimmung auch in die Bereiche hinüberreiche, die dem Verstande des Menschen grundsätzlich verschlossen seien; wenn ein Mensch also seine Welt mit wachem Geist betrachte, empfange er Hinweise auch auf Bereiche dieser Welt, die seinem Geist jenseitig erscheinen müssen.

Wir können heute wissen: Der Mensch ist mehr als die Summe seiner Funktionen oder gar seiner Teile. Die Welt ist mehr als nur die Summe dessen, was die verschiedenen Wissenschaften von ihr nachweisen. Wir können heute wissen: Jedes Teil dieser Welt ist ein Ganzes, und jedes ist die Ursache des anderen. Jedes Teil trägt das Ganze in sich. Alles hängt mit allem zusammen. Das kleinste Teil ist nicht ein »Baustein« des Kosmos, vielmehr lebt der Kosmos im kleinsten Teil.

Wenn wir aber heute wissen oder ahnen, daß die Welt nicht in den drei Dimensionen aufgeht, die uns zugänglich sind, wenn wir Seinsbereiche annehmen müssen, die uns verborgen sind, dann ist vieles, das wir noch heute »okkult« nennen, natürlich. Dann haben wir einen sehr neuen Zugang zu religiösen Symbolen und ihrer hintergründigen Wirklichkeit, und es wird uns deutlich, daß wir den Menschen in der gegenwärtigen Weltsituation nur noch helfen können, mit ihrem Leben zurechtzukommen, wenn wir sehen, wie tief sie in das sichtbare und unsichtbare Ganze dieser Welt eingebettet sind.

ERDE

Der Acker und das Himmelreich

Die Erfahrung, daß unsere Welt in Entsprechungen aufgebaut ist, in Analogien, spiegelt sich auch in der Sprache der Bibel. Das Gesetz, das unsere Welt verstehbar macht und uns davor bewahrt, in einem Chaos umherzutaumeln, finden wir etwa in den Bildreden Jesu von den »Geheimnissen des Himmelreichs«, und wir staunen, wie Grundlegendes er in seinen schlichten Bildern aussagt.

Er sagt zum Beispiel: »Das Himmelreich« – also die Welt Gottes in ihrem umfassendsten und letzten Sinn – »ist gleich einem Senfkorn, das ein Mensch nahm und säte es in seinen Acker, welches ist das kleinste unter allen Samen. Wenn es aber gewachsen ist, so ist es größer als alle Sträucher und wird ein Baum, so daß die Vögel unter dem Himmel kommen und in seinen Zweigen wohnen.« Damit sagt er nicht nur etwas darüber aus, wie es unter Menschen zugeht, wenn sie etwas vom Reich Gottes begreifen – daß da nämlich ein Wachstum stattfindet –, sondern darüber, wie das Himmelreich selbst vorzustellen ist. Daß dort nämlich, wohin wir nicht blicken, Gesetze gelten, die auch unsere irdische Welt bestimmen. Daß da zum Beispiel ein Gesetz des Wachstums gilt. Ein Gesetz der Anfänge und der Zielgestalt und des allmählichen Weges von einem zum anderen.

Oder er sagt: »Das Himmelreich ist einem Sauerteig gleich, den eine Frau nahm und vermengte ihn unter drei Scheffel Mehl, bis es ganz durchsäuert war.« Damit ist nicht weniger gesagt als dies, daß das »Himmelreich«, nämlich eine ganz andersartige Wirklichkeit als die uns zugängliche, eindringt in die unsere, sie durchwirkt. Daß es also keineswegs das »ganz andere« ist, sondern unserer Welt jedenfalls soweit verwandt, daß es sie durchdringen und verändern kann.

Oder er sagt: »Wenn ein Mensch hundert Schafe hätte und eins unter ihnen sich verirrte: Läßt er nicht die neunundneunzig auf den Bergen, geht hin und sucht das verirrte? So auch ist es nicht Gottes Wille, daß einer von diesen Kleinen verlorengehe.« Damit sagt er nicht weniger als dies, daß es sinnvoll ist, Verhaltensweisen des Menschen und Verhaltensweisen Gottes in Beziehung zueinander zu setzen und das eine vom anderen her zu begreifen.

Jesus sagt: »Niemand zündet ein Licht an und bedeckt es mit einem Gefäß oder stellt es unter eine Bank, vielmehr setzt er es auf einen Leuchter, damit, wer hineingeht, das Licht sieht. Denn es ist nichts verborgen, was nicht offenbar werden wird, und nichts Heimliches, das nicht kund werde.« Damit sagt er nicht weniger, als daß dem Menschen zugedacht sei, daß der Horizont seines Erkennens wachse, daß ihm die verborgenen Dinge zugänglich werden sollen, daß die unsichtbare Welt sich ihm erschließen werde, daß ihm also das Licht aufgehen solle, wenn er nur die Augen öffne.

Wir Abendländer meinen seit etlichen Jahrhunderten, die Bilder hätten keine Wahrheit, und so haben wir verlernt, mit ihnen umzugehen. Es ist Zeit, sie geduldig wiederzugewinnen. Die Zeit ist vorbei, in der man meinen konnte, die Wahrheit des Glaubens bedürfe der Reinigung von den mythischen Bildern, die Bilder seien das Überwundene und ohne sie sei der Glaube angemessener zu beschreiben. Wenn alles in Begriffe gefaßt ist, kahl und arm geworden, bleibt nichts, das uns beträfe, nichts, das wir gemeinsam feiern könnten, nichts, das uns tröstet. In Begriffe kann man nicht eintreten, wie man in ein heilendes, heilbringendes Geschehen eintritt.

Erde

Das Neue Testament spricht sehr konkret von Engeln, wirkenden Geistwesen und Elementarkräften, einer ganzen Stufenfolge von Wesen gleichsam oberhalb des Menschen. Man kann sie übersehen. Aber man kann ihre Existenz nicht bestreiten, indem man die Wissenschaft bemüht. Wir brauchen nicht alles zu beweisen. Wir denken in Bildern und vermuten, daß alles noch einmal ganz anders sei, als wir es uns vorstellen. Wir brauchen nicht alles zu verstehen, aber wir können uns öffnen für Dimensionen, die uns neu und unbekannt sind und die wir eines Tages sehen und betreten werden.

Jesus sagt: Wirf dein Weizenkorn in die Erde und tu die Augen auf! Sieh! Es keimt! Es wächst! Es bringt Frucht, Brot für dich selbst und die anderen! Öffne deine geistigen Augen: Es kommt auf dich zurück, was du gibst. Denn was du in dieser sichtbaren Welt wahrnimmst, das ist nur der Anfang, nur das Abbild dessen, was weit darüber hinaus gilt. Die Welt ist ein großes, unendlich differenziertes Zusammenspiel von Geist und Kraft, Licht und Lebendigkeit, das dir in deinem kleinen Umkreis durchaus begreiflich sein kann, das aber in seinen unendlichen Dimensionen weit über dein Verstehen hinausreicht und auch die mit einbezieht, die über die Schwelle des Todes gegangen sind.

Mut zum Sein

Bemerkenswert oft nimmt Jesus das Bild auf: Da sät einer. Es keimt etwas in der Erde. Es treibt Wurzeln, wächst auf und trägt Frucht. Fast scheint es, als zeige er den Menschen seiner Zeit, die noch wußten, was ein Acker ist, das Grundgeschehen, das nun auch in ihnen seinen Anfang nehmen müsse: einwurzeln, aufwachsen, stehen, Frucht bringen.

Angesichts der Wurzellosigkeit des heutigen Menschen fragen wir, wie der Mensch seinen kreatürlichen Zusammenhang wiederfinden könne, denn wieviel Elend, wieviel Krankheit Leibes und der Seele auf diese Wurzellosigkeit zurückgehen, ist durchaus kein Rätsel mehr.

Ein Kind hat meist ein sicheres Gefühl vom Einssein mit seiner kleinen Welt. Ich höre noch meine Mutter mit Vergnügen erzählen, ich hätte, ein Jahr alt, tagelang regungslos im Gras unter einem Baum gesessen, einzig beschäftigt mit Schauen und mit ein paar Gräsern zwischen den Fingern.

Aber dann folgt ein Bruch, den wir für ein Element einer normalen Entwicklung halten. Unsere Kinder machen das durch, was wir Erziehung nennen. Gewiß, es ist unvermeidlich, daß wir unseren Kindern die Maßstäbe und Ordnungen unserer Kultur vermitteln, aber diese Kultur ist eine entwurzelte Kultur, und so wird auch der junge Mensch durch seine Sozialisation wurzellos.

Erwachsenwerden bedeutet in unserer Zivilisation die Annahme einer durch und durch künstlichen Lebenssituation, einer Überlieferung, einer Religion, durchaus zufälliger und austauschbarer Sitten und Ordnungen, die dennoch mit dem Anspruch auf Geltung tradiert werden, Bejahung eines Staatswesens mit all seiner Fragwürdigkeit, einer politischen Landkarte mit Freunden und Feinden, die Bejahung eines Berufs mit all seinen Zwängen und nicht zuletzt die Annahme des Geschlechterschicksals von Mann und Frau in der Form, die unsere patriarchalische Lebensordnung bis heute erzwingt.

Es gilt heute, Formen des gemeinsamen Lebens zu finden, in denen Gerechteres und Sinnvolleres erprobt und gelebt werden kann. Das Leben der Gemeinschaft muß sich ändern, wenn junge Menschen von heute diese unsere künstliche Welt annehmen und bewohnen, wenn sie in die Erde und die Gemeinschaft einwurzeln und ihre Zukunft bestehen sollen.

Es sind im Grunde einfache Veränderungen unseres Verhaltens, die uns dazu helfen können:

Aus der Stadt hinausgehen und draußen, wo noch Quellen sind, wo noch etwas atmet, das Stehen einüben und das Gehen, das Schauen und das Hören und das Anwesendsein mit allen Sinnen – das ist nicht dasselbe wie bloße Flucht. Es ist Einübung.

Aus der dünnen Vernünftigkeit des Kopfes absteigen in die Meditation, um aus der eigenen Mitte heraus wahrzunehmen, was uns wirklich angeht, das ist nicht Feindschaft gegen den Verstand, sondern Wissen um die Ganzheit.

Sich unabhängig machen von den Ansprüchen einer entwurzelten Zivilisation, anders leben, sich Alternativen einfallen lassen, das ist nicht nur Protest. Es ist der Anfang der Freiheit.

Den eigenen Leib annehmen, sich selbst bejahen an Geist, Seele und Körper, das ist das Ende der Selbstzerstörung, die die Menschen landauf, landab betreiben. Es ist der Anfang der Weisheit und der Gewißheit.

ERDE

Die Kräfte aber, die wir auf so einfache Weise gewinnen können, werden wir brauchen, wenn wir unser freies Wort sagen, wenn wir einem Unheil widerstehen oder gegen zerstörende Kräfte heilende Gedanken fassen wollen.

Aus der hier erwachenden Kraft kommt aber das, was man »Mut zum Sein« genannt hat: Mut, in der Welt zu stehen, Mut, sich dem unberechenbar Lebendigen zuzuwenden, Mut, zu widerstehen, wo deformiert oder zerstört wird, was seine eigene Würde hat. Mut, seinen Glauben und sein Wissen dem Anspruch von Mächten aller Art entgegenzuhalten. Mut, ein Liebhaber des Lebens zu sein in dem Sinn, in dem der Dichter der »Weisheit Salomos« dies von Gott sagt. Mut, sein Leben aus der Hand des großen Liebhabers des Lebens zu nehmen und sein Werk mit ihm zusammen zu tun.

Dieser Mut kommt wie das Grundwasser an unsere Wurzeln, er kommt wie der Regen von oben, er kommt wie das Licht von allen Seiten. Und ihn sollen wir einbringen, wo immer Menschen sind, denn er ist eine Kraftquelle auch für die vielen, denen die eigene Wurzelhaftigkeit fehlt. Das Bild des mutigen Menschen aber verändert die Landschaft. Die Welt wird ursprünglicher. Sie wird wahrer, wo immer es in Erscheinung tritt.

Wenn der Verlust des Elementaren die Ursache ist dafür, daß unendlich viele unter uns weder Wurzeln noch Zweige haben, wenn da so viel abgehackt, abgeschnitten, verkümmert erscheint, dann müssen wir, die dies sehen, unsere Wurzeln strecken und unsere Zweige ausbreiten. Stehen lernen. Einen Stamm bilden. Raum gewinnen im Umkreis unseres Daseins. Ich wollte, dieses Buch könnte dem einen oder anderen dabei ein wenig helfen.

ERDE

Der absteigende Christus

Im ersten Petrusbrief lesen wir: »Im Geist Gottes ist Christus hingegangen und hat den Geistern im Gefängnis das Evangelium gebracht, damit sie das Leben gewinnen.« Und in der Offenbarung des Johannes sagt Christus: »Ich war tot und bin lebendig von Ewigkeit zu Ewigkeit und habe die Schlüssel der Hölle und des Todes.«

Wovon redet Christus, wenn er vom Reich der Toten redet? Die alten Völker redeten vom »Inneren der Erde«, vom »Herzen der Erde«. Sie meinten eine Tiefe, die noch weit unter den Gräbern ist. Denn der Leib, der ins Grab gelegt wird, hat am Leben noch immer teil insofern, als der tote Leib wieder zurückkehrt in das Leben der Natur. Aber »das Innere der Erde« ist eine Gefangenschaft im Tode, in der kein Leben mehr zu erwarten ist. In dieser Tiefe ereignet sich nun das Mysterium von Tod und Auferweckung. Wie zwei Wächter stehen die beiden Engel über dem ungeheuren Grab, aus dem die Menschen auferstehen, gerufen von der Lichtgestalt des absteigenden Christus, der sie bei den Händen faßt.

Grün steht ein Hintergrund hinter Christus in der Bildmitte, wie ein Lichtschein der Neuschöpfung, Zeichen der Lebendigkeit des Geistes Gottes. Die Lichthülle um Christus, die sonst in Gold gemalt ist, leuchtet nun in der Farbe irdischer und erdhafter Lebenskraft, geweckt vom lebenschaffenden Christus. Hildegard von Bingen schreibt über die Farbe Grün:

> O edelstes Grün,
> du wurzelst in der Sonne,
> strahlst auf in leuchtender Helle

ERDE

in einem Kreislauf,
den kein irdisches Sinnen begreift:
Du bist umfangen
von der Umarmung
der Geheimnisse Gottes.
Du schimmerst auf wie Morgenrot,
du glühst in der Sonne Flammen!
CARMINA, 39

Verbindet sich die Leuchtkraft des Grün mit dem Gold Gottes, so entsteht die Farbe der schöpferischen Weisheit Gottes. Das goldene Grün ist das Zeichen für die göttliche Energie, die Heilung und Neuschöpfung des Lebens bewirkt. Und so drückt sich im Grün der Ikone auch die Menschwerdung Gottes aus, das Eingehen Gottes in diese Welt, ebenso wie die Neuschöpfung des Lebens aus der Auferstehung der Toten. Die Farbe der lebendigen Erde wird zur Farbe einer neugeschaffenen, durchlichteten Welt.

Wir können durchaus auf dem Wege eines sensibleren, offeneren Denkens auch einen anderen Blick in die Zukunft tun: zu jener Erneuerung der Erde, von der das Evangelium spricht; zu dem neuen Menschen auch, der in uns entstehen soll, und zu einer neuen Unmittelbarkeit zwischen Gott und uns Menschen. Denn das eigentlich Heilende kommt aus der Kraft dieser Hoffnung über Welt und Zeit hinaus.

Erde

In allem, was ein Indianer tut, findet ihr die Form des Kreises wieder, denn die Kraft der Welt wirkt immer in Kreisen, und alles strebt danach, rund zu sein. Einst, als wir ein starkes und glückliches Volk waren, kam unsere ganze Kraft aus dem heiligen Ring unseres Volkes, und solange dieser Ring nicht zerbrochen war, ging es den Menschen gut. Der blühende Baum war der lebendige Mittelpunkt des Ringes, und der Kreis der vier Himmelsrichtungen nährte ihn. Der Osten gab Frieden und Licht, der Süden gab Wärme, der Westen gab Regen, und der Norden mit seinen eisigen Stürmen verlieh Kraft und Ausdauer.

Alles, was die Kraft der Welt bewirkt, vollzieht sich in einem Kreis. Der Himmel ist rund, und ich habe gehört, daß die Erde rund wie ein Ball ist, so wie die Sterne auch. Der Wind in seiner größten Stärke bildet Wirbel. Vögel bauen ihre Nester rund, denn sie haben die gleiche Religion wie wir. Die Sonne steigt empor und neigt sich in einem Kreis. Das gleiche tut der Mond, und beide sind rund.

Auch die Jahreszeiten in ihrem Wechsel bilden einen großen Kreis und kehren immer wieder. Das Leben des Menschen beschreibt einen Kreis von Kindheit zu Kindheit, und so ist es mit allem, was eine Kraft bewegt.

Unsere Zelte waren rund wie Vogelnester und immer im Kreis aufgestellt, dem Ring unseres Volkes – ein Nest aus vielen Nestern, in dem wir nach dem Willen des Großen Geistes unsere Kinder hegten und großzogen.

DER INDIANER HEHAKA SAPA

Wir sind Erde

Das ist nicht im Ton der Klage gesagt, sondern der Dankbarkeit. Wir sind Leben aus dem Leben der Erde. Wir durchwandern uns selbst, wenn wir über die Erde hingehen. Und wie an ihr soll in uns etwas wachsen, aufgehen, blühen und reifen. Es liegt viel in dem tiefsinnigen Gleichnis, in dem Jesus das Himmelreich mit dem Bild eines Ackers verbindet. Denn offenbar wirken dieselben Kräfte und Gesetze im Acker wie im Himmelreich.

> Das Himmelreich ist gleich einem Schatz,
> im Acker verborgen.
> Da kam ein Mensch und fand ihn
> und verbarg ihn wieder.
> In seiner Freude ging er hin,
> verkaufte alles, was er hatte,
> und kaufte den Acker.
> MATTÄUS 13,44

Über den Acker also sollen wir gehen auf der Suche nach dem Himmelreich. Zu unseren Füßen, in der warmen, feuchten Erde, ist der Schatz verborgen, das Himmelreich – und unser eigenes Bild zugleich. Ein Schatz, uns zugedacht. Die künftige Gestalt der Welt und unsere eigene künftige Gestalt. Nicht in den Wolken, die unsere Phantasie an den Himmel unserer Hoffnungen zaubert, steht sie. Sie ruht in der konkreten Wirklichkeit unserer Erde.

ERDE

Von Johannes Kepler ist dieses Gebet überliefert:

Groß ist unser Herr und groß seine Macht
und seiner Weisheit kein Ende.
Lobet ihn, Sonne, Mond und Planeten,
in welcher Sprache immer
euer Loblied dem Schöpfer erklingen mag.
Lobet ihn, ihr himmlischen Harmonien,
und auch ihr, die Zeugen und Bestätiger
seiner enthüllten Wahrheiten!

Und du, meine Seele,
singe die Ehre des Herrn dein Leben lang!
Von ihm und durch ihn und zu ihm sind alle Dinge,
die sichtbaren und unsichtbaren.
Ihm allein sei Ehre und Ruhm von Ewigkeit zu Ewigkeit!

Ich danke dir, Schöpfer und Herr,
daß du mir diese Freude an deiner Schöpfung,
das Entzücken über die Werke deiner Hände geschenkt hast.
Ich habe die Herrlichkeit deiner Werke
den Menschen kundgetan,
so weit mein endlicher Geist
deine Unendlichkeit zu fassen vermochte.
Wo ich etwas gesagt habe, was deiner unwürdig ist,
oder wo ich der eigenen Ehre nachgetrachtet habe,
da vergib mir in Gnaden.

Einfache Dinge sind es, die wir zu lernen haben. Die Gegenwart Gottes in allem, was ist, wird der Anfang sein.

ERDE

Von dem Minnesänger Spervogel haben wir das Gebet:

Wurzeln des Waldes
und Erze des Goldes
und aller Abgrund
sind dir, Herr, kund.

Sie stehen in deinen Händen.
Alles himmlische Heer
kommt nicht an ein Ende
zu loben deine Herrlichkeit.

Ein elfjähriges Mädchen aus Italien namens Anna Soldi schrieb, selbst Kind, ein Gedicht für Kinder, denen sie etwas zum Leben auf dieser Erde sagen wollte:

Ich sah, wie der Bäcker ein Herz machte aus Brot.
Groß und heiß und duftend. Da dachte ich:
Wenn ich ein Herz aus Brot hätte –
wieviel Kinder könnten davon essen!
Ich gäbe euch gerne, meine hungrigen Freunde,
von meinem Herzen aus Brot.

Aber das ist ein Traum,
Und meine hungrigen Freunde weinen noch immer.
Ach, wäre mein Herz doch aus Brot!

Aus der Erde kommt das Brot. Und Nachfolge des Christus wird darin bestehen, daß wir Brot sind, ihm gleich, der das Brot ist: Element leibhaften Lebens auf dieser Erde.

FEUER

Und die Herrlichkeit Gottes war anzusehen
wie ein verzehrendes Feuer.
2. Mose 24,17

So spricht Gott:
Ich will meine Worte in deinem Munde zu Feuer machen
und dieses Volk zu Brennholz.
Jeremia 5,14

Ich will, spricht der Herr,
um Jerusalem her eine feurige Mauer sein.
Sacharja 2,9

Ich bin das Licht der Welt. Wer mir nachfolgt,
der wird nicht in der Finsternis irren,
sondern das Licht des Lebens haben.
Johannes 8,12

Ihr seid das Licht der Welt. Es kann die Stadt,
die auf dem Berg liegt, nicht verborgen sein.
Mattäus 5,14

Ich bin gekommen, ein Feuer anzuzünden auf Erden,
und was wollte ich lieber, als daß es schon brennte.
Lukas 12,49

Brand und Licht

Das zweite unter den Elementen ruht nicht, wie die Erde, es springt uns an: das glühende Feuer, das strahlende Licht, verzehrende Macht, Lebenselement und tödliche Gefahr zugleich. Augenlicht, behagliche Wärme, Helligkeit des Bewußtseins, Erleuchtung des Geistes, zerstörende, fressende Gewalt: das Feuer, das Licht.

Es war in der arabischen Wüste. In der Nacht noch brach ich auf und wanderte unter den Sternen zu einem steilen Felsenberg, durch Sand und Geröll. Ringsum jene vollkommene Stille, die heute nur noch die Wüste kennt. Als ich oben ankam, zeigte ein blasser Schimmer die Richtung an, in der der Aufgang der Sonne geschehen sollte. Danach stand ich zwei Stunden dorthin gewendet, wo das große Schauspiel geschah. Kaum eine Farbe, die nicht irgendwann wie ein Schleier über den Himmel ging oder in einer schimmernden Bewegung über den unendlichen Horizont hin: Rot, Blau, Gold, Orange, Violett in einem zauberhaften Spiel. Dann fielen die Farben in sich zusammen, und das Licht kam. Die Sonne. Kein Laut in der grenzenlosen Weite. Und doch, ich verstand, warum die Dichter vom »Gesang der Sonne« sprechen. Wenn das Licht kommt, bringt es seinen eigenen großen Gesang mit, den die Ohren nicht, wohl aber die Augen vernehmen, das Wunder jener Helligkeit, die mit allen Sinnen aufgefangen wird und eindringt in die Tiefe der Seele ebenso wie in die letzte Faser des Körpers.

»Licht ist das Kleid, das du anhast.« Wie tief begreiflich, daß die alten Völker in der Sonne eine Gottheit sahen und daß die Psalmen,

Feuer

nicht fern von dem alten Glauben, in ihrem Licht wenigstens noch das »Kleid« Gottes erblickten, in dem ihnen sein Geheimnis machtvoll entgegenkam! Mancher Christ, der die Sonne für einen Himmelskörper hält und sonst nichts, empfindet heidnischer als jene Alten, die vor ihr auf die Knie fielen.

Schließlich war sie da, heller als die Augen ertrugen, und hob sich langsam vom Horizont. Es begann ein Tag, an dem die Sonne wie ein glühender Ofen über der Wüste stand, heißer, als Mensch und Tier ertrugen. Feuer über den Sanddünen, Feuer über den heißen Felsen. Feuer, in dem der ganze Körper mitglühte. Licht, das Feuer war. Feuriges Element des Himmels.

Für uns Europäer in unserem Land eines ausgeglichenen Klimas ist das Feuer freundlich. Ein hilfreicher Geist, der uns das Leben erhellt und erwärmt. Auch das Feuer eines Krieges, das die Älteren unter uns noch gesehen haben, das Feuer brennender Häuser oder Flugzeuge, die Erfahrung brennender Städte rühren an diese Empfindung kaum mehr als äußerlich.

Wer aber bin ich noch, wenn eine Feuerwand vor mir steht, wenn die brausende Feuerwalze eines Buschbrandes mich einschließt? Wer bin ich, wenn die Erde unter mir aufbricht und das flüssige Gestein heraufsteigt? Es hat mein Empfinden von Feuer tief verändert, als ich zum ersten Mal in ein Land kam, in dem der Erdboden warm war, nicht von der Sonnenwärme, sondern von dem Feuer, das darunter glühte: Island. Sieben Meter unter den Häusern, sagte mir einer, ist die glühende Lava. Nichts ist sicher. Nichts steht fest. Überall und jederzeit kann die Erde aufbrechen und das flüssige Gestein hervorquellen, explodieren, oder kann die Erde einbrechen und versinken.

FEUER

»Gehen Sie nicht über die gelben Stellen«, sagte er mir, als wir über die Schwefelfelder von Myvatn gingen. »Die gelben Stellen zeigen an, daß darunter eine heiße Schwefelquelle liegt. Die Erde ist dünn, sie kann einbrechen, der Schwefel ist 150 Grad heiß. Sie kommen nicht wieder heraus.« Und während ich über diese merkwürdige Erde nachdachte, die so anders ist als die vertraute, vertrauenswürdige meiner Heimat, fand ich mich plötzlich mitten auf einer gelben Stelle und rettete mich mit einem Sprung zur Seite.

»Schauen Sie die Gletscher an«, wurde mir gesagt. Tausend Meter Eis lasten über den Bergen und in den Tälern. Unter dem Gletscher glüht die Lava. Wenn unter dem Eis ein Vulkan ausbricht, schmelzen in wenigen Minuten hundert Kubikkilometer Eis zu Wasser und Dampf. Eine ungeheure Wasser- und Schlammflut stürzt das Tal hinab und fegt ein Dorf, ehe jemand sich retten kann, hinaus ins Meer.

Die »Mutter Erde« ist für uns ein freundliches Gleichnis. Wie eine Mutter, so empfinden wir, so hütet sie uns, gibt uns Raum und Nahrung. Eine verläßliche Heimat, in der wir leben und ruhen dürfen. Von »Urvertrauen« reden wir, jenem Grund, auf dem unser Selbstbewußtsein, unsere Gewißheit, auch unser Glaube und unsere Zuversicht gedeihen. Aber woher soll ein Volk solches Vertrauen gewinnen, für das die Erde eine Hölle birgt, die täglich und stündlich nach oben, in die Welt des Menschen, durchschlagen kann?

Es war Nacht auf den Westmännerinseln, Schlafenszeit, als plötzlich am Rand der kleinen Fischerstadt die Hölle aufbrach, ein Riß in der Erdkruste von vier Kilometern Länge, und das Feuer am Himmel und die glühende Lava zwischen den Häusern stand. Es gab keine Panik. Die Menschen organisierten die Abwehr. Aus Schiffen spritzten sie Wasser gegen den Lavastrom, bis er abkühlte und stehen-

Feuer

blieb. Und während die Glut die Rückwand einer Fischfabrik durchbrach, arbeiteten sie in den Hallen an den Maschinen.

Aus den altnordischen Sagen rührt uns ein Gleichmut an, der nicht nur heldisch wirkt, sondern vor allem auch tief resigniert. Alles kommt, wie es kommen muß. Weder die Menschen noch die Götter sind dem tödlichen Schicksal gewachsen. Alles ist eine Frage der Zeit. Eine Frage kurzen, bedrohten und zur endlichen Dämmerung der Menschen und Götter verurteilten Lebens in einer Welt, die dem Feuertod entgegengeht.

Wie anders das Gefühl eines Menschen, dem das Element des Feuers als freundliches, warmes Sonnenlicht erscheint und der schreiben kann:

> Hier lieg ich auf dem Frühlingshügel,
> die Wolke wird mein Flügel,
> ein Vogel fliegt mir voraus.
> O sag mir, alleinige Liebe,
> wo du bist, daß ich bei dir bleibe,
> doch du und die Lüfte, ihr habt kein Haus.
>
> Der Sonnenblume gleich steht mein Gemüte offen.
> Sehnend, sich dehnend in Lieben und Hoffen ...
>
> Die Wolke sehe ich wandern und den Fluß,
> es dringt der Sonne goldner Kuß
> mir tief bis ins Geblüt hinein.
> Die Augen, wunderbar berauschet,
> tun, als schliefen sie ein,
> nur noch das Ohr dem Ton der Biene lauschet ...

FEUER

Ist das dieselbe Welt? Leben die Fischer auf den isländischen Felsküsten nicht auf einem anderen Stern als der schwäbische Dichter? Und gibt es etwas, das sie ähnlich empfinden können? Alle Elemente scheinen sich für Eduard Mörike zu verbinden, um ihm den Frieden eines tiefen Vertrauens zu vermitteln: der Hügel und die Sonnenblume, die Wolke, der Fluß und der goldene Kuß der Sonne.

Ein indianisches Lied mit seiner freundlichen Melodie empfindet ähnlich:

Leuchtkäferlied

Huschende Insekten aus weißem Feuer!
Kleines Getier, kleine wandernde Feuer!
Schwenkt eure Sternchen über meinem Bett!
Webt kleine Sterne in meinen Schlaf!
Komm, kleiner tanzender Weißfeuer-Käfer,
komm, kleines nachtflinkes Weißfeuer-Tier!
Schenk mir das Zauberlicht deiner hellen, weißen Flamme,
deiner kleinen Sternenfackel.
LIED DER ODSCHIBWÄ

Am Abend nach einem langen Wandertag sitze ich vor dem Feuer. Die Äste knacken und knallen und knistern, die Scheite glühen, dunkelrot, orange, gelb, in graues Leuchten übergehend, bis sie verlöschen. Und ich starre in die Glut und kann mich nicht von diesem Bild einer strahlenden Kraft lösen, dieser elementaren Energie, in der sich alles wandelt.

Feuer

Es ist lange her, da sprangen wir durch das Sonnwendfeuer, das uns ein Symbol alles dessen war, was wir uns als Jungen von unserer Zukunft erhofften: daß sich aus einer grauen Gegenwart eine herrliche, leuchtende Zeit erheben möge, voll Schönheit und Licht und Kraft.

Aber das Feuer ist nicht nur unser Schicksal, es ist uns auch anvertraut, wie uns die Wahrheit anvertraut ist. In jener Anfangszeit, als der Mensch begann, sich aufzurichten zu seiner menschlichen Gestalt, fand er das Feuer. Es traf ihn aus dem Himmel oder kam zu ihm im brennenden Buschwald, er trug es in seine Höhle und bewahrte es. Entzündete es neu. Er fand das Licht, das ihm das Dunkel hell machte, er fand die Wärme und die wohlschmeckende Speise. Der Umgang mit Feuer war wohl die erste große Kunst des Menschen, und vielleicht hat sie ihn zuerst zum Menschen gemacht.

Speise zu kochen, Erz zu schmelzen, Metall zu schmieden, Tongefäße zu brennen, in diesen Fähigkeiten des Feuers entwickelte sich die menschliche Kultur. Die Fackel und die Lampe erhellten die Höhlen und die ersten Häuser. Im Feuer stiegen die Opfer vor den Tempeln zum Himmel auf. Die Betrachtung der Sonne und der Sterne half zum Verstehen und Berechnen der Zeit.

Heilig war das Herdfeuer. Es war das Herz des Hauses, Zeichen göttlicher Gegenwart. Wenn es verlöschte, holten unsere Vorfahren sich einen Brand aus dem Herd des Nachbarn. Aber sie durften dem Nachbarn nicht dafür danken, denn es war keine Gabe von Menschen, sondern von Gott.

In den Johannisnächten brannten die Feuer auf den Hügeln, und so weit ihr Schein reichte, vertrieben sie die Dunkelheit, die bösen Mächte von Haus und Hof. Wohin aber der Feuerschein nicht drang, dorthin gingen die Menschen mit Fackeln aus dem großen Brand. Das

FEUER

Feuer kommt vom Himmel, sagten sie. Der Blitz kommt vom Himmel und zündet auf der Erde. Will man ihn abwehren, so zünde man eine Kerze im Haus an. Das Feuer wehrt das Feuer ab, dachten sie.

Und als das Evangelium den alten Glauben ablöste, da löschte man am Karfreitag alle Lichter in den Kirchen und entzündete am Ostermorgen auf den Friedhöfen das Osterfeuer, an dem die Bewohner in Dorf und Stadt sich ihr Kerzenlicht in den Häusern und den neuen Brand für das Herdfeuer holten. Das Licht kommt immer neu von dem, der am Anfang der Dinge sprach: »Es werde Licht.« Von dem, der von sich sagte: »Ich bin das Licht der Welt.«

Der Grundstoff der menschlichen Seele ist Feuer, sagten die Weisen, die Forscher und Grübler unter unseren Vorfahren, und bis heute ist das Feuer ein Bild für die seelische Energie eines Menschen, für seine geistige Kraft, seine Leidenschaft und Liebe und ebenso für seinen Zorn und seine Aggression.

Wie aber der Mensch in sich das Licht und das zerstörende Feuer hat, so ist das Feuer, dem er in seinem Lebensumkreis begegnet, zugleich hilfreiche Flamme und lebensbedrohende Gewalt. Von feurigen Geistern wissen die alten Geschichten, von feuerspeienden Drachen, von brandstiftenden Wiedergängern aus dem Reich der Toten, und immer spiegelt sich in ihnen, was in den Menschen selbst geschieht.

Die Lohe ist Hilfe gegen das Böse, dachten sie. Wie sie das Schädliche vernichtet, so verbrennt sie den Winter, die Finsternis, den Tod, das Unheil. Aber der Übergang von der rettenden Flamme zum verführenden Irrlicht, das den Wanderer im Wald in den Tod lockt, ist kurz, und das Feuer, das die Wohnstätten der Menschen vernichtet, ist der böse Feind selbst.

FEUER

In früheren Jahrhunderten wurden Brände mit Bannsprüchen eingedämmt, und die Gestalt des Feuerreiters als des himmlischen Retters war nötig gegen die dämonische, die fressende Kraft. Eduard Mörike erzählt von einem Feuerreiter aus einer Epoche, in der seine magische Kunst schon nicht mehr vom Himmel, sondern aus dem Bösen kam und der Feind des Dämons, ursprünglich Abgesandter der Götter, selbst dämonische Züge angenommen hatte:

Der Feuerreiter

Sehet ihr am Fensterlein
Dort die rote Mütze wieder?
Nicht geheuer muß es sein,
Denn er geht schon auf und nieder.
Und auf einmal welch Gewühle
Bei der Brücke, nach dem Feld!
Horch! das Feuerglöcklein gellt:
Hinterm Berg,
Hinterm Berg,
Brennt es in der Mühle!

Schaut! da sprengt er wütend schier
Durch das Tor, der Feuerreiter,
Auf dem rippendürren Tier,
Als auf einer Feuerleiter!
Querfeldein! Durch Qualm und Schwüle
Rennt er schon und ist am Ort!
Drüben schallt es fort und fort:

FEUER

Hinterm Berg,
Hinterm Berg
Brennt es in der Mühle!

Der so oft den roten Hahn
Meilenweit von fern gerochen,
Mit des heil'gen Kreuzes Span
Freventlich die Glut besprochen –
Weh! dir grinst vom Dachgestühle
Dort der Feind im Höllenschein.
Gnade Gott der Seele dein!
Hinterm Berg,
Hinterm Berg
Rast er in der Mühle!

Keine Stunde hielt es an,
Bis die Mühle borst in Trümmer:
Doch den kecken Reitersmann
Sah man von der Stunde nimmer.
Volk und Wagen im Gewühle
Kehren heim von all dem Graus;
Auch das Glöcklein klinget aus:
Hinterm Berg,
Hinterm Berg
Brennt's! –

Nach der Zeit ein Müller fand
Ein Gerippe samt der Mützen
Aufrecht an der Kellerwand
Auf der beinern Mähre sitzen:

Feuer

Feuerreiter, wie so kühle
Reitest du in deinem Grab!
Husch! da fällt's in Asche ab.
Ruhe wohl,
Ruhe wohl
Drunten in der Mühle!

Im Feuer ist immer beides: das Leben und der Tod, die Rettung und die Zerstörung. Es ist der Repräsentant der polaren Gegensätzlichkeit in der Schöpfung. Das Wasser löscht das Feuer ebenso, wie das Feuer das Wasser aufleckt und verdampft. Und die leuchtenden, glühenden Sterne im Weltraum sind Boten des Schicksals im Guten wie im Bösen.

Und noch eins: Bis zum heutigen Tag ist das Feuer das besonders dem Menschen vorbehaltene Element. Das Wasser bewohnen andere Wesen, die Luft beherrschen andere, der Erde sind andere besser angepaßt als der Mensch. Das Feuer ist das einzige Element, das uns allein zugewiesen ist.

Das Feuer ist der Ursprung des Lichts. Ohne Licht aber wächst kein Blatt. Ohne das Licht, das auf unserer Sonne aus unvorstellbaren Feuerstürmen hervorgeht, gedeiht auf unserer Erde keine Frucht. Es ist das Element, dem wir mit unseren Augen antworten, und es ist gut, wenn wir uns heute unserer Sinne erinnern, denn die Töne und Farben, die Wärme der Luft und die Süße des Geschmacks sind die ersten Geschichten, die die Welt uns erzählt. Das Gesicht aber in seiner doppelten Bedeutung ist zuerst die Fähigkeit, zu sehen, und danach das »Gesicht«, das wir tragen und mit dem wir dieser Welt der Lichter und der Dunkelheiten unsere Antwort geben.

FEUER

Freilich, das Auge kann seinen Dienst versagen. Wer mit den Augen eines Eroberers in die Welt sieht, dem zeigt das Auge nichts von ihrem Reichtum. Wer mit den Augen des Ausbeuters schaut, dem zeigt das Auge nichts vom Adel und von der Würde der Dinge. Wer sich dem verweigern will, was das Auge sieht, der nimmt nichts wahr vom Elend und von der Armut der Kreatur, und die Welt zeigt sich ihm verfälscht.

> Das Auge ist das Licht des Leibes.
> Wenn nun dein Auge gesund ist,
> macht das Auge den ganzen Leib hell.
> Wenn aber dein Auge seinen Dienst verweigert,
> wird der ganze Leib in der Finsternis sein.
> Wenn aber nun das Licht in dir selbst,
> das innere Licht, erloschen ist,
> wie tief wird dann die Finsternis sein!
> MATTÄUS 6,22–23

FEUER

Herausforderung

Das Licht und das Feuer sind für unser Empfinden immer wieder Symbole der Herausforderung. Sich dem Licht stellen zu sollen, das Feuer zu bestehen – das ist eine Zumutung, die unsere Kraft, unsere Entschiedenheit, unsere Eindeutigkeit will. Das Feuer will Klarheit. Das klassische Bild für eine Macht, die aus dem Unbekannten kommt und als Blitz oder Flamme auf einen Menschen trifft, ist die Geschichte vom brennenden Dornbusch aus dem 2. Buch Mose, im dritten Kapitel.

Da fristet Mose, vom ägyptischen Staat als Terrorist gesucht, sein karges Leben als Schafhirt zwischen Wüste und Kulturland. Hinter ihm liegen im Griff der Macht die Massenlager seiner Sippengenossen in der Sklaverei. Eines Tages treibt er seine Herde über den Steppenstreifen in die Wüste hinaus. Dort draußen, in der Sonnenglut über dem heißen, kahlen Gestein der Sinaiwüste, widerfährt es ihm, daß er in der Ferne einen Busch sieht, der in Flammen steht, der brennt und brennt und nicht mehr verlöschen will. (Die Geschichte hat den Hintergrund, daß es im Sinai bis heute den sogenannten Blasenstrauch gibt, der in seinen blasenähnlichen Früchten eine alkoholische Flüssigkeit produziert, die sich bei großer Hitze entzündet. Hier freilich geht es um das aus dieser Erfahrung erwachsende Symbol des »brennenden Busches«.)

Als Mose das sieht, sagt er: Ich will hingehen und die unerhörte Erscheinung sehen, daß der Busch dort in Flammen steht und doch nicht verbrennt. Aber aus dem Busch ruft ihn eine Stimme an: »Mose!« Der antwortet: »Hier bin ich!« Und die Stimme fährt fort:

»Tritt nicht näher heran!
Zieh deine Schuhe von deinen Füßen,
denn der Ort, auf dem du stehst,
ist heiliges Land.
Ich bin der Gott deines Vaters.
Ich bin der Gott Abrahams, Isaaks und Jakobs.«
2. Mose 3

Und Gott fordert ihn. Er zeigt ihm seine Aufgabe: sein versklavtes Volk in die Freiheit zu führen. Als aber Mose diese Stimme identifizieren will und nach dem Namen dessen fragt, der da spricht, da hört er das strenge und unzugängliche Wort: »Ich bin, der ich bin.« Vor diesem Gott, der ihn im Feuer herausfordert, soll Mose der werden, der er ist: Mose vor Gott. Nichts sonst. Der freie, aufrechte Mensch, der vor dem letzten, das besteht, gelernt hat, zu stehen und zu sagen: Ich bin Mose – und zwar Mose vor Gott.

Als Pascal, der große französische Philosoph, starb, fand man einen Zettel in seiner Jacke eingenäht. Auf dem hatte er eine Vision notiert, die ihm in jungen Jahren begegnet sein muß. Da war zu lesen:

Feuer! Feuer!
Gott Abrahams, Gott Isaaks, Gott Jakobs!

Diese Erfahrung muß seinem Leben die Wende gegeben haben vom Philosophen zu dem tiefgründigen Christen, als der er sein Lebenswerk schuf, seine Gedanken über den Glauben und den lebendigen Gott. Diese Erfahrung muß ihn zu dem gemacht haben, als den wir ihn kennen: Pascal.

Feuer

Als das Feuer im Dornbusch erloschen war und Mose seine Schuhe wieder anzog, hatte sich ihm alles verändert. Er war nicht mehr einer unter vielen, er war endgültig Mose. Er lebte nicht mehr im Schutz der Anonymität oder im Schutz einer Gemeinschaft. Er stand im Freien. Vielleicht faßte die Angst nach ihm. Die Angst vor den Mächtigen nicht nur, denen er nun einsam gegenüberstand, sondern auch vor der Auflösung aller Bindung und Geborgenheit. Aber diese Einsamkeit war ihm zugedacht um seiner Stammesgenossen willen, die in der Sklaverei lebten.

Viele Jahrhunderte später wurde Daniel um seines Glaubens willen in eine Löwengrube geworfen – das Symbol des Löwen steht in der alten Bildersprache für die Erfahrung des Feuers –, seine Freunde in einen glühenden Ofen. Und es wird erzählt, sie seien alle am Leben geblieben, zwischen den Löwen und im Feuer, indem sie sich zu dem Gott bekannten, der das Feuer selbst ist (Daniel 3). Ein altenglisches Kirchenlied nimmt die Geschichte auf und gibt ihr den genauen Sinn:

> Wage es, zu sein wie Daniel!
> Wage es, allein zu stehn.
> Wage es, ein festes Ziel zu haben.
> Wage es, und laß es sehn.

Und als Jesaja berufen wurde, ein Prophet zu sein, sah er sich in einer Vision Gott gegenüber und erlebte, wie ein Engel eine glühende Kohle vom Altar nahm und ihm, dem Menschen, damit die Lippen reinbrannte, damit er fähig würde, im Namen dieses brennenden Gottes zu reden. So als sollte er selbst die Flamme und das Holz sein und als sollte er, redend, sich selbst aufzehren.

Ich glaube, daß sehr viele Menschen einen solchen Augenblick erleben, ganz gewiß weniger spektakulär als Mose oder Jesaja, aber eine Begegnung mit irgendeiner rätselhaften Erscheinung, die sie nicht deuten können, den Anprall einer Wirklichkeit, von der sie nicht wissen, ob sie aus ihnen selbst komme oder von einem unbekannten Gegenüber her. Wer wach ist, entdeckt in dieser Erfahrung nicht nur sich selbst, sondern auch ein unausweichliches Gegenüber. Er entdeckt sein Herz und weiß, daß dieses Herz gefordert ist.

Er wendet sich von allerlei Vergangenem ab und sucht die Zukunft. Dabei erkennt er, daß das Bisherige und das Künftige nicht harmonisch zu vereinigen sind, daß vielmehr ein tiefer Bruch das Vergangene vom Künftigen scheidet. Er entdeckt den tiefen Widerspruch in seinem Wesen wie in seinem Schicksal. Er empfindet: Hier steht mein ganzes Leben bis in mein Alter hinauf auf dem Spiel – und zugleich ist keine Zeit.

Denn das Feuer meint den Augenblick. Wer vom Feuer getroffen ist, kann nicht sagen: Ich lasse mir Zeit. Er kann nicht sagen: Wenn ich einmal älter bin oder dies und das hinter mir habe, will ich dem nachkommen. Ihn trifft die Wucht des Augenblicks: der alles bezwingende Moment der Berufung, der zugleich der Augenblick der Erleuchtung ist. Es ist der Augenblick außerhalb der Zeit, der ihn meint, ihn fordert, aber auch ihn rettet, ihn prägt, ihn erfüllt.

Die Geschichte Moses spiegelt sich in viel unauffälligerer Weise in jeder einzelnen Lebensgeschichte. Jedes Kind entdeckt, wenn es ohne Störungen aufwächst, eines Tages sich selbst. Es sieht andere Menschen, stellt sich ihnen gegenüber oder auch entgegen und erkennt dabei seine eigene Unverwechselbarkeit. Und wenn es später in

Feuer

irgendeiner Weise Gott begegnet, wird es ihn wiederum als das herausfordernde Gegenüber erfahren. Es wird dabei lernen, sich zu beugen, und es wird zugleich den aufrechten Stand lernen und den aufrechten Gang. Wir haben in den letzten dreißig Jahren viele Autoritäten abgebaut und hatten unseren Grund dazu. Es waren zu viele falsche gewesen. Aber heute haben wir mit erschreckend vielen Menschen zu tun, die unfähig sind, eine eigene Überzeugung ihrer Umwelt entgegenzustellen. »Ich bin der Herr, dein Gott«, hörte Mose im ersten der zehn Gebote, »ich bin der Eine und Ausschließliche.« Diesem »Ich« stand er gegenüber. An ihm wuchs er zu seinem prophetischen Rang. Und es wäre gut, wir würden diesen Vorgang der Ich-Findung wieder schärfer ins Auge fassen.

Wollen wir in traditionellen Worten beschreiben, was da geschieht, so werden wir vom »Erwachen« sprechen, von »Erweckung«, etwa jener Erweckung, die dem Propheten Elia widerfuhr, als er verängstigt und seines Amtes müde in der Wüste unter einem Wacholder eingeschlafen war, auf der Flucht vor der Macht der Menschen. Ihn redete ein Engel an: »Steh auf, du Schläfer, und nimm deinen Weg unter die Füße.« Steht auf! Du kannst! Indem ein Mensch so unter einem Anruf erwacht, ist seine Abhängigkeit von allerlei äußeren Mächten, von Erbe und Umwelt, von Autorität und Gewalt der Menschen beendet. Die Initiative liegt bei Gott und danach bei dem auf Gott hin orientierten Menschen. Was seine Erziehung ausmachte, tritt zurück. Er wählt selbst, wer oder was ihn prägen oder weisen und welche Wirkung künftig von ihm ausgehen soll. Er anerkennt nichts mehr nur deshalb, weil es Geltung beansprucht, weil es immer so war oder weil es verspricht, das Dasein zu sichern, sondern allein deshalb, weil es übereinstimmt mit dem Auftrag des freien Menschen.

FEUER

Aber wir werden nicht von einer Freiheit sprechen, die sich selbst will. Wir werden nicht den Willen und die Überzeugung des wachen Menschen zum Maß nehmen und nicht die Richtung suchen, die das Belieben wählt. Wir werden Weg und Ziel auf den hin orientieren, der uns angeredet hat. Sich orientieren heißt, sich nach Osten hin ausrichten, nach der Richtung der im »Orient«, im Osten aufgehenden Sonne. Wir reden in der christlichen Überlieferung von »Bekehrung« oder »Umkehr«. Wir bleiben stehen auf der Straße, die wir gewählt haben, und orientieren uns neu. Wir suchen die Übereinstimmung unseres Wesens und Willens mit dem, der uns angerufen hat.

Die Pfingstgeschichte erzählt, wie Feuer in die Gruppe der wartenden Menschen fällt und sie verwandelt werden wie Metall im Feuer. Ängstliche stehen auf und reden. Verzagte finden Mut. Freimut wird spürbar, Entschiedenheit greift um sich, Gewißheit steht auf. Es gibt kein besseres Bild dafür als das Feuer. Wo ein Mensch mit Gott zu tun bekommt, da wird etwas umgeschmolzen. Da muß etwas von ihm ausgehen wie Licht, wie Feuer, wie eine wärmende, eine alles verwandelnde Flamme. Das Herz muß brennen, der Mund reden, der Geist Licht ausbreiten. Sonst lohnt es nicht, vom Geist Gottes zu reden.

In der Offenbarung Johannes kommt dieser Gedanke in einem tiefsinnigen Symbol zum Ausdruck. »Wer überwindet«, heißt es dort, »dem gebe ich einen weißen Stein. Auf dem Stein wird ein neuer Name stehen, den nur der lesen kann, der ihn empfängt.« Wenn das Reich da ist, wird der Mensch endgültig der einzelne sein, der Herausgerufene, der Freie. Er wird im Gegenüber zu dem einen Herrn erlöst sein zu seinem eigenen Wesen, das außer Gott nur er selbst erkennt.

FEUER

In einem Lied der Urgemeinde heißt es:

Wach auf, der du schläfst,
und steh auf von den Toten,
so wird dich Christus erleuchten!
EPHESER 5,14

»Ihr seid bisher Finsternis gewesen«, sagt der Epheserbrief, »nun aber seid ihr ein Licht aus dem großen Licht: Christus. Seid wie die Kinder des Lichts.«

Die »Kinder des Lichts« sind in der Bildersprache jener Zeit die Funken, die von einem Brand aussprühen, die, von einem Feuer ausgesandt, hinauswirbeln in die Dunkelheit. Seid nicht Asche, sondern Feuer und brennt so, daß man es sieht!

Ich bin das Licht der Welt.
Wer mir nachfolgt,
der wird nicht in der Finsternis irren,
sondern das Licht des Lebens haben.
JOHANNES 8,12

Ihr seid das Licht der Welt
Es kann die Stadt, die auf dem Berg liegt,
nicht verborgen sein.
MATTÄUS 5,14

Wer mit dem Feuer zu tun bekommt, der wird werden müssen, was er werden soll, und diese seine vom Feuer geforderte und beschriebene Zielgestalt ist es, die künftig sein Handeln und sein Reden bestimmen wird.

FEUER

Der Wagen des Elia

Eine russische Ikone aus dem 16. Jahrhundert brennt in den Farben des Feuers. Rot glüht die unzugängliche Welt Gottes. Golden fällt der Schein einer jenseitigen Sphäre über die kaum angedeutete Landschaft, aus der der Prophet Elia im Feuer gen Himmel fährt.

Die Geschichte, die das Bild erzählt, beginnt am unteren Rand. Dort schläft Elia unter dem berühmten Wacholder, während der Engel, wie in 1. Könige 19 erzählt wird, ihn anrührt und ihn auffordert: »Steh auf und iß! Du hast einen weiten Weg vor dir!« Und Elia sieht sich um und siehe! zu seinen Häupten liegt ein geröstetes Brot und steht ein Krug mit Wasser.

Elia ist auf der Flucht vor Ahab und Isebel, weit im Süden am Rand der Wüste. Aus Furcht vor dem regierenden Königshaus verbirgt er sich und wirft sich in der Einsamkeit nieder, entfernt sich aus der Welt seiner übergroßen Aufgaben in den Schlaf. Und da tritt nun der Engel im brennenden Rot seines Gewandes, ein Bote aus dem großen Lichtkreis, zu ihm, weckt ihn, gibt ihm Speise und Trank und schickt ihn auf seinen Weg. »Und er stand auf und aß und trank und ging durch die Kraft der Speise vierzig Tage und vierzig Nächte bis zum Berg Gottes.«

Rechts des Propheten, ihm selbst unsichtbar, steht das Kreuz und erinnert an Jesus, der im Garten Gethsemane den Vater bat, den Weg nicht gehen zu müssen, den er vor sich sah, und zu dem ein Engel kam, um ihn zu stärken. Aus dem Stamm des Wacholders wird der Stamm des Kreuzes, der nun in der Wüste steht und ihm seinen Weg deutet. Der feuerfarbige Engel aber schickt ihn an seine Arbeit, und der Mann, dem das Feuer verlorengegangen war, läßt sich aufs neue

Feuer

rufen und geht seinen Weg an den Gottesberg und in die politische Szenerie Israels.

Rechts des Kreuzes öffnet sich die Erde. Klafft hier das Grab Christi? Ist hier der Jordan angedeutet, der Todesfluß, den Elia danach überschreiten wird? Oder geht beides ineinander über und bezeichnet der Erdspalt die durch das Feuer aus Gott überwundene Todeswelt?

Als am Ende Gott den Elia im Feuer gen Himmel holen wollte, so erzählt 2. Könige 2, da ging Elia zum Jordan, von seinem Schüler Elischa begleitet. Als sie an den Jordan kamen, zog Elia seinen Mantel aus, wickelte ihn zusammen und schlug damit ins Wasser, wie Mose mit seinem Stab das Meer geschlagen hatte, das Wasser teilte sich nach beiden Seiten, und die beiden gingen auf trockenem Boden durch den Fluß. »Da aber kam ein feuriger Wagen mit feurigen Rossen«, die brausten zwischen Elia und Elischa hindurch und trennten sie, »und Elia fuhr im Wetter gen Himmel«.

Drei rotglühende Pferde ziehen den Wagen mit dem goldenen Rad nach oben, während der Engel in der linken oberen Ecke die Zügel führt. Elischa aber steht rechts unten auf einem steilen Hügel, wirft die Arme nach oben und schreit: »Mein Vater, mein Vater, du Wagen Israels und sein Lenker.« Er meint: Du bist der Schützer Israels! Was soll werden, wenn du die Erde verlassen willst? Währenddessen entfällt Elia der Prophetenmantel, Elischa fängt ihn auf und übernimmt damit sein Amt.

Der Prophet, übergroß in dem glühenden Ring der himmlischen Welt stehend, reckt die Hand zu Gott hinaus, dessen Hand klein und kaum wahrnehmbar rot aus dem blauen Himmelssegment in der linken oberen Ecke herausgreift und Elia zu rufen scheint.

Aber was ist das für ein Wagen? Das riesige Rad ist ja eigent-

lich kein Rad. Es könnte nicht rollen. Es ist weniger Rad als vielmehr Mandala, Gottessymbol, Symbol der vollkommenen Welt. In einem Symbol göttlicher Herrlichkeit steht Elia, den Stab in der Hand, der seine Vollmacht, sein Prophetenamt andeutet. Er ist, nachdem er auf der Erde gelegen hatte, neu auf seine Füße gestellt durch seine Begegnung mit dem Feuer.

In den oberen Ecken stehen zwei in Rot gekleidete Engel. Der rechte geleitet den Propheten auf seiner Fahrt in die himmlische Welt. Der linke bläst die Posaune. Der Engel mit der Posaune aber gehört zum ikonografischen Umkreis der Wiederkunft des Christus. Er kündigt das Ende der Welt an. Als Christus selbst aufgehoben wurde zum Himmel, da trat ein Engel zu den erstarrt nach oben schauenden Jüngern und kündigte ihnen die Wiederkehr ihres Meisters an. Elia, so deutet die Ikone an, wird wiederkommen, wenn Christus wiederkommt.

Wenn aber Christus wiederkommt, wird die ganze Menschheit gleichsam dem Feuer begegnen, dem Feuer mit seiner zerstörenden Kraft und seinem reinigenden Brand, aber auch dem goldenen Licht der Erneuerung und Vollendung der Welt. Erst dort aber vollendet sich auch die Symbolgestalt des Feuers.

FEUER

Berufung zum Feuer

Was für Mose der brennende Dornbusch gewesen war, das war für Jesus die Stunde, in der sich ihm der Himmel auftat, das Licht ihn traf und der Geist Gottes auf ihn herabfuhr. Als er unten in der Jordanaue Johannes den Täufer traf und sich von ihm taufen ließ, geschah es. Er stand im Wasser, da öffnete sich der Himmel über ihm, und eine Stimme sprach: »Das ist mein Sohn, an dem ich Wohlgefallen habe.« In dem Wort »Sohn« lagen seine Identität und sein Auftrag.

Und so beginnt sein eigenes Leben auf dieser Erde im Zeichen dieses Elements. Seine öffentliche Wirksamkeit beginnt mit der seltsamen Versuchung durch den Teufel: Bist du Gottes Sohn, so zaubere! Bist du Gottes Sohn, so fliege! Willst du Macht, so bete mich an! Sie beginnt so, daß Jesus einsam in der Wüste steht, dem Teufel gegenüber, und sich dort zu dem einen Gott bekennt, neben dem es für ihn keine Autorität, die auf seinen Gehorsam Anspruch hätte, geben kann. Wer ja sagen will, muß auch klar nein sagen. Wer ja sagt zu Gott, muß fähig sein, allem, was an Gottes Stelle treten will, ein klares, schlichtes Nein entgegenzusprechen.

Aber dann, und das gibt diesem Stehvermögen seinen Sinn, dann ging er hin und machte sich mit allem gemein, was er fand an menschlicher Verwirrtheit, an Krankheit und Schwäche des Leibes und der Seele. Er stand für die Wahrheit. Aber er vertrat sie nicht als Gesetzgeber oder Moralist, sondern ging auf die von Haß und Angst bestimmte Menschenwelt zu und lud sie alle an seinen Tisch: die Gottlosen, die Betrüger, die Kranken, die Gestörten, die Schwachen, die Neurotiker und wen immer er fand, der dieser Tischgemeinschaft bedurfte.

FEUER

Das gleiche wiederholte sich dort, wo Jesus Menschen in seine Nachfolge berief. Von ihnen forderte er denselben Prozeß. Er war ja keineswegs das sanfte Gemüt, das man aus ihm gemacht hat. Was er tat, hatte seine klare Kontur. Was er sagte, war eindeutig bis zur Härte, und auch als der Liebende war und blieb er der, der eine Entscheidung forderte, das Ja selbständiger und entschlossener Menschen, die wußten, worauf sie sich einließen.

Folge mir nach, das hieß aus dem Munde Jesu: Laß hinter dir, was immer dich beherrschen will, deinen Beruf, deine Familie, deine Laufbahn, deine Sorgen, deine Angst, deine Träume. Wach auf! Steh auf! Komm! Sein Anruf war ein Ruf zur Selbständigkeit eines ichstarken Menschen, der weiß, wozu er da ist, und der im Gegenüber zu seinem Meister begriffen hat, was er tun und was er im Namen Gottes mit sich anfangen soll.

Wir müssen wohl wieder einmal begreifen, was ein solcher Ruf bedeutet. Wir sind gewöhnt, den christlichen Glauben so zu verstehen, daß er uns aus unserer Isolierung löst und in eine Gemeinschaft ruft, die von da an wichtiger ist als unser kleines Einzelleben. Aber Jesus tut zunächst etwas ganz anderes. Er ruft uns zunächst als einzelne Menschen an und verlangt den Mut zu eigenen Überlegungen, zu eigener, einsamer Beantwortung einer Frage. Er sucht nicht das Gemeinschaftswesen in uns, sondern den einzelnen. Und wir selbst, wenn wir angefangen haben, Jesus zu begreifen, sind durchaus nicht die Leute, die sich überall einpassen, einfügen, ja sagen, sich opfern, die schlucken und schweigen um der Gemeinschaft willen. Zunächst stehen wir Jesus sehr einsam gegenüber, und es führt kein Weg an der Zumutung vorbei, daß wir die freien, unabhängigen einzelnen werden, die wirklich ein Ja oder ein Nein aussprechen können.

Feuer

Als einer sich bereit erklärte, das Werk Jesu mit anzufassen und mit ihm zu gehen, hatte er nur noch ein Hindernis. Er sagte: »Herr, erlaube mir, daß ich hingehe und die Trauerzeit um meinen Vater einhalte.« Da antwortete ihm Jesus mit dem unvorstellbar harten Wort: »Laß die Toten ihre Toten begraben! Geh du hin und verkündige das Reich Gottes« (Lukas 9,59–60).

Ein anderer sprach: »Herr, ich will dir nachfolgen, aber erlaube mir zuvor, daß ich mich von meiner Familie und von meinen Mitarbeitern verabschiede.« Da antwortete Jesus: »Wer seine Hand an den Pflug legt und zurücksieht, der eignet sich nicht für das Reich Gottes« (Lukas 9,61–62).

Und zu einer anderen Gelegenheit: »Wer an Vater oder Mutter mehr hängt als an mir, der ist mein nicht wert. Wer Sohn oder Tochter mehr liebt als mich, der ist mein nicht wert. Und wer nicht sein Kreuz auf sich nimmt und mir nachfolgt, der ist mein nicht wert« (Mattäus 10,37–38).

Ihr sollt nicht zwei Herren dienen, sagt er. Ihr sollt ungeteilt sein, wie Gott ungeteilt ist. Das Feuer, alles durchglühend, alles verzehrend, war durchaus sein Element.

> Wer das Himmelreich finden will,
> sagt Jesus,
> ist gleich einem Kaufmann,
> der echte Perlen suchte.
> Als er eine unermeßlich kostbare Perle fand,
> ging er nach Hause, verkaufte alles, was er hatte,
> und kaufte die Perle.
> MATTÄUS 13,45–46

FEUER

Das kleine Gleichnis gehört dem Element des Feuers zu. Ein Mensch sucht das Ganze, das Äußerste, das Letzte. Er läßt, was er hat, was ihn ausmacht, hinter sich, »verkauft« es und trägt sich – sich selbst und nichts sonst, weder seine Leistung noch sein Werk noch seine Qualitäten, nein, nur sich selbst – diesem Letzten entgegen. Er bringt, was er ist, ans Licht und läßt es darauf ankommen, daß Wahrheit oder Unwahrheit seines Wesens und Seins sich offenbaren. Denn das Licht ist Gott selbst.

Aus einer sehr normalen Gesellschaft griff Jesus einen heraus: Du dort! Ich will dir etwas sagen! Du bist nicht festgelegt! Du kannst aufstehen, wenn ich rufe! Damit sagte er: Du bist freier, als du denkst. Du kannst umkehren. Du kannst einen neuen Anfang machen. Du kannst Gewohnheiten ändern, Überzeugungen prüfen. Du kannst anders werden, wenn du willst, auch wenn es schwerfällt. Du bist nicht festgelegt. In dem Augenblick, da dich ein Ruf trifft, hast du die Chance, frei zu sein. Und mancher stand auf und ging mit. Zöllner ließen ihre Kassen stehen, Aufständische ihre Waffen liegen, Fischer ihre Boote und viele ihre Vergangenheit. Da mag mancher sich gefragt haben: Was soll ich jetzt tun? Und hörte: Du sollst den Menschen das ganz Andere, das Neue, das Kommende zeigen, das Reich Gottes, und sie frei machen, wie du frei bist. Wenn du aber aufstehst und gehst, dann mach dir keine Sorgen. Gott gab dir das Leben und das Schicksal. Der Herr, dein Gott, hat dich gerufen. Du bist in seiner Hand. Du brauchst keine anderen Götter neben ihm. Laß andere sorgen und kümmere dich um das Wichtige. Blick über den Zaun, sieh, was Gott tut, sieh seine Herrlichkeit. Sorge dich um das Reich. Alles übrige wird dir zufallen. Du hast ein Wort zu sagen. Ein tröstendes, ein befreiendes

Wort. Habe den Mut, der zu sein, der du bist. Ein freier, ein eigener Mensch, gerufen von mir.

Dein Leben ist die Chance, der zu werden, der du sein sollst. Kümmere dich um dich selbst. Du kannst nicht bleiben, was du warst, und nicht, was du bist. Wecke die Kraft in dir, der zu sein, der du werden sollst. Sorge dafür, daß du »bei dir selbst« bist und nicht irgendwo. Wache darüber, daß du das tust, was dein Eigenes ist und nicht das Fremde. Meide, was dir nicht angehört. Denn Gott hat dich zu mehr bestimmt als zu einem Bürger gemäßigter Verhältnisse. Er hat dir eine Zukunft zugedacht und mit ihr eine reifere, eine vollere, eine der Vollendung nähere Gestalt.

Polarität

Bei der Betrachtung des Elements Erde begegnete uns ein Urgesetz alles Seins: das der Analogie oder der Entsprechungen. Es besagt: Die Welt ist in allen ihren Schichtungen und Dimensionen nach gleichbleibenden Ordnungen und Strukturmerkmalen aufgebaut. Wenn ich etwas auf der Ebene des Umgangs mit Pflanzen oder Tieren verstanden habe, kann ich es sinngemäß übertragen auf die Ebene des Umgangs mit mir selbst oder mit der menschlichen Gesellschaft. Das Gesetz redet von der einheitlichen Struktur der Welt und macht sie deutbar und verläßlich.

Begegnen wir dem Feuer, so springt uns eine andere Erfahrung an, die scheinbar der ersten entgegengesetzt ist. Wir entdecken, daß alles, was ist und geschieht, von Widersprüchen bestimmt ist, von Gegensätzen, von Polaritäten. Nicht umsonst sprechen wir, wenn wir das Gute und das Böse unterscheiden wollen, von »Licht und Schatten«, von »Licht und Finsternis«. Aber auch diese Erfahrung selbst stellt uns vor Widersprüche, die wir nicht so leicht auflösen. Denn die Gegensätze selbst sind keineswegs gleichwertig.

Manche Gegensätze sind so, daß wir uns für die eine Seite und gegen die andere entscheiden müssen. Es ist nicht gleichgültig, ob ich die Gerechtigkeit wähle oder die Ungerechtigkeit. Das Feuer zwingt zur Unterscheidung zwischen richtig und falsch, zwischen Wahrheit und Lüge.

Andere Gegensätze sind so, daß wir beide Seiten bejahen müssen, weil sie ein Element des Lebendigen sind: etwa Tag und Nacht, weiblich und männlich, Licht und Schatten, sauer und basisch, plus und minus, rechts und links. Wir könnten der Wirklichkeit nicht gerecht werden, wenn wir hier auswählen wollten und sagen: entweder Tag oder Nacht, entweder männlich oder weiblich, und jeweils das eine bejahen, das andere verneinen. Das Herz lebt von Bewegung und Ruhe, der Atem vom Aus- und Eingehen, das Jahr von Sommer und Winter, von warm und kalt, und das lebendige Spiel solcher Rhythmen macht das Leben aus. Wir können nicht das Einatmen gut, das Ausatmen entbehrlich finden. Wir bringen, wenn wir das eine von beiden verweigern, nur das Leben zum Stillstand. Und selbst, wo wir von gut und böse sprechen, scheint es gefährlich zu sein, allzu sicher zu wissen, was denn gut und was böse sei oder wozu denn am Ende auch das gut gewesen sein werde, was wir böse nennen. Die Erfahrung der Polarität durchdringt den Kosmos und bestimmt alles, was lebt und besteht.

Welcher Art ist zum Beispiel der Gegensatz zwischen Gesundheit und Krankheit? Wir empfinden es als normal, für die Gesundheit zu kämpfen und gegen die Krankheit. Aber wir erkennen doch immer

Feuer

deutlicher, daß es ein Irrtum wäre, Krankheit unter allen Umständen vermeiden oder beseitigen zu wollen. Gesundheit besteht ja nicht in der Funktionstüchtigkeit aller Organe, sondern in der Kraft zum Wachstum, in der Kraft zur Heilung und in der Kraft zur Reifung. Diese Kräfte aber können oft genug nur durch eine Krankheit geweckt oder erneuert werden. Es ist ja auch eine alte Wahrheit der christlichen Leidensmeditation, daß Freiheit nur dadurch zu gewinnen ist, daß man Bindungen bejaht, daß Unschuld nur durch das Bekenntnis der Schuld hindurch zu erlangen ist und nur der das Leben findet, der Leid und Tod bejaht und einübt.

Ganz und gar unauflöslich werden die Polaritäten unseres Daseins dort, wo wir die Grenzen unseres Erkenntnisvermögens erreichen. Denn überall, wo wir den Raum unseres Erlebens und Wahrnehmens verlassen – und dazu zwingt uns das Feuer! –, da tritt vor unseren Augen die Wirklichkeit in Widersprüche auseinander. Da nimmt alles, was wir bedenken wollen, ein doppeltes Gesicht an. Wo Einsicht am wichtigsten wäre, verläßt uns die Einsicht. Wo wir die wichtigsten Entscheidungen treffen müßten, erleben wir das Feld unserer Verantwortung am tiefsten gespalten.

Ich denke etwa über meine Freiheit nach. Ich weiß, daß ich frei bin, zu tun und zu lassen nach meinem Willen. Ich könnte mich nicht schuldig fühlen, wäre ich nicht frei, Gut und Böse zu wählen. Die Freiheit zu leugnen, welche Blindheit! – Ich denke über die Freiheit anderer nach und erkenne: Kein Schicksal ist selbstgemacht. Kein Verbrechen, das nicht vorbereitet wäre durch ein Schicksal. Keine Entscheidung, die nicht vorbestimmt wäre als Erbe oder Fremdbestimmung. Von Freiheit zu reden, welche Übertreibung! – Beides begegnet mir. Beides läßt sich durch Erfahrung belegen, die Freiheit wie die Unfreiheit, und mit diesem Widerspruch bleibe ich vor den Grenzen meiner Erkenntnis stehen.

Ich denke über Gott nach. Ich höre: Gott ist Liebe. Und: Gott ist allmächtig. Der Widerspruch ist abgründig. Ist Gott Liebe, so ist er nicht in allem am Werk, das geschieht. Und meine Erfahrung sagt mir angesichts des Elends dieser Erde: Ist Gott allmächtig, geschieht alles durch seinen Willen, so wird er mir tief fragwürdig. Wie soll ich diesen Widerspruch auflösen? Ich glaube, was Jesus sagt, ich nehme es ihm ab: Gott wirkt in allen Dingen, und: Er ist Liebe. Und ich stelle dieses Bekenntnis gegen meine eigene Logik, die mich an dieser Grenze auf alle Fälle, und nicht nur in dieser Sache, verläßt. Alles, was meine Logik an der Grenze meines Erkenntnisvermögens versucht, führt in die Irre. Ich kann nur vor den Widersprüchen stehenbleiben, schweren Herzens.

Und noch einmal: Ich höre: Gott ist Licht. Aber wer schafft dann die Finsternis? Gott? Oder ein anderer? Ist da noch eine andere Macht außer Gott, neben Gott, unter Gott, gegen Gott? Oder sollte in Gott beides sein, das Licht und die Finsternis? Mein Nachdenken führt mich immer wieder auf beide Spuren, und ich werde, solange ich mit dem Verstand eines Menschen denke, vor diesem Widerspruch stehen.

Ich denke über meine Aufgabe nach und stehe vor der Entscheidung für das Gute oder das Böse. Ist das Böse eine selbständige Kraft, souveränes Potential gegen Gott, dann trennt mich das Böse von Gott. Hat aber das Böse seinen Ort in Gott und ist Gott auch der Urheber des Bösen, wie soll ich dann meine Entscheidung treffen? Denn wenn ich versuche, Recht und Frieden und das Wohl und Heil der Menschen dem Bösen aus dem Rachen zu reißen, dann stelle ich mich auf die Seite des

> FEUER

Lichts und kämpfe gegen die Finsternis. Höre ich aber Jesus, dann verstehe ich: Du sollst gerade nicht teilhaben am Kampf zwischen Licht und Finsternis. Du sollst deinem Feind mit Güte begegnen, denn das Böse ist ja auch in dir selbst. Du bist nie nur ein Held des Lichts, sondern immer auch Ort des Bösen. Du kämpfst für das Licht und schaffst dabei immer auch Finsternis. Ich fühle mich also als ein St. Georg, der den Drachen besiegt; aber wenn ich Jesus zuhöre, begreife ich, daß zwar jeder Drache den St. Georg findet, der ihn bekämpft, aber zugleich jeder Georg den Drachen, den er niederschlägt, in sich selbst neu zum Leben bringt.

Und wie denke ich mir das Ende der Geschichte dieser Welt? Denke ich es so, daß Gott und Satan auseinandertreten und erstarren im ewigen Gottesreich einerseits, dem ewigen Reich des Bösen andererseits? In der Bibel gibt es solche Gedanken. Oder denke ich mir das Ende anders? So etwa, daß am Ende alles heimkehrt in Gott, auch der Abgrund, auch die Finsternis, auch der Verdammte, auch der Satan selbst, und Gott alles in allem ist? Auch solche Gedanken lesen wir in der Bibel. Es gibt auch auf den Ausgang der Weltgeschichte hin keine Lösung. Der Widerspruch bleibt, und niemand wird ihn uns auflösen, solange wir in dieser Welt leben.

Vielleicht beginne ich an dieser Stelle meines Nachdenkens an der Grenze meiner Erkenntnisfähigkeit zu verstehen, daß alles in dieser Welt zwischen Polen hin- und herschwingt, daß uns Menschen der Widerspruch aufgegeben ist und es keine einfachen Lösungen gibt. Ich denke an das tiefsinnige »Vorspiel im Himmel« in der Erzählung von Hiob, wo der Satan gleichsam als Bediensteter Gottes auftritt, und ahne, daß auf eine seltsame Weise beide Seiten des Widerspruchs im Willen Gottes zusammengehören.

FEUER

Die alten Völker stellten sich vor, einander widersprechende Erscheinungen in ihrer Umwelt hätten ihre Ursache im Streit zwischen verschiedenen Göttern. In solchem Streit aber liege eine gefährliche Unberechenbarkeit ihres ganzen Lebens, und so suchten sie nach einer Aussöhnung der Gegensätze. Ort der Aussöhnung, Ort des Festes war der Tempel, der heilige Bezirk, der Altar. In der Flamme und im Rauch stieg das Opfer zum Himmel auf. Das Element, das sie an jene Grenze führte, an der die Wirklichkeit in ihre Widersprüche auseinandertrat, das Feuer, wurde zum Element der Versöhnung.

Wenn sie von Göttern sprachen, so meinten sie in ihnen die große und gültige Ordnung des Lebens, die sich in Gesetzen und Fügungen aussprach. Die Götter waren gleichsam Spieler auf der großen Bühne der Welt und hatten in ihrer Rolle je ein bestimmtes Lebensgesetz zu repräsentieren. Die Menschen aber drückten ihre Einsicht, daß sie – willig oder nicht – diesen Ordnungen zu entsprechen hätten, so aus, daß sie ihren Göttern opferten. Sie suchten nach der Überbrückung des Abstands und gaben, was ihnen kostbar war: eine Frucht ihres Ackers, ein Tier, ein Kind. Darin lag mehr Weisheit, als wir Heutigen vermuten. Opfern heißt zunächst einmal, einem Lebensgesetz Raum geben, das sich auf alle Fälle durchsetzen wird, und, wenn wir uns ihm widersetzen, gegen uns und zu unserem Verderben. Es heißt, ein Schicksal gelten lassen und bejahen, gegen das anders nichts auszurichten wäre. Wer den Gott, der sich ankündigt, nicht einläßt, so dachten sie, wird zu dem Opfer, das er verweigert, gezwungen. Auf dem Wege des freiwilligen Opfers aber wurden sie fähig, den gefährlichen Abstand zwischen dem Willen Gottes und dem eigenen Tun und Lassen zu überbrücken.

Feuer

An dieser Stelle begegnet uns das Geheimnis der Sendung Jesu Christi, von der hier nur in Andeutungen zu reden ist. Die frühe Kirche hat aus einigen Hinweisen, die Jesus zu seinem Schicksal und seinem Auftrag gegeben hatte, den Gedanken gefaßt, der Sinn seines Lebens und Sterbens sei eben dies versöhnende Opfer. Nachdem klar war, daß der Mensch die gesuchte Versöhnung mit Gott nicht zu bewerkstelligen vermöge, sei Christus an die Stelle der Geopferten selbst getreten, um mitten in dem finsteren Abgrund zwischen Gott und dem schuldigen Menschen die wirkliche Versöhnung zu stiften. Dieses Geheimnis um das Leiden des Christus, in dem Gott selbst sich dem Leiden unterzogen habe, wird sich uns, solange wir leben, nicht enträtseln. Aber es ist an der Grenze, an der wir uns selbst in all unserer Gespaltenheit und Widersprüchlichkeit auf tödliche Weise fraglich werden, der einzige Trost, den wir finden können.

Das brennende Rad

Im sogenannten Perikopenbuch aus Salzburg von 1030 rollt es gleichsam herein mitten unter die Menschen auf dieser Erde. Im gewölbten Innenraum einer von zwei Türmen flankierten Kirche sitzen zehn Jünger im Kreis, und aus den seitlichen Wänden rechts und links schauen zwei weitere in den Raum. In der Mitte aber glüht ein Rad, und wie in Fackeln bricht das Feuer von den Enden der zwölf Speichen in die Menschen ein.

Die Schrift über dem Bild gibt ein Wort Jesu, das er in seinen Reden zum Abschied gesprochen hatte, wieder. Dort hatte er den Seinen den Geist Gottes verheißen und gesagt:

ē qui diligit me. Qui autem diligit
me · diligetur a patre meo · Et ego dili
gam eum · & manifestabo ei me ipsū·

»Wer mich liebt,
den wird mein Vater lieben,
und ich werde ihn lieben
und mich ihm offenbaren.«

Hier wird das Wort des Johannes des Täufers aufgenommen, Christus werde die Menschen mit dem Heiligen Geist und mit Feuer taufen. Aber der Geist ist hier nicht so sehr die Kraft, die zur offenbarenden Rede befähigt, wie die Apostelgeschichte ihn deutet, sondern die Glut der göttlichen Liebe, die nun in die Menschen eingeht und sie zum Volk Gottes macht. Das Feuer bricht im Mittelpunkt des Rads auf, dringt in die Menschen ein und entzündet sie, schließt sie ihrerseits wie ein Rad zur Gemeinschaft zusammen und begründet die Kirche, die vom Geist erfüllte Gemeinschaft derer, die vom Feuer gerufen sind, um das Feuer »auf die Erde zu werfen«, von dem Christus gesprochen hatte.

Erleuchtung

Wer mit dem Herzen denkt, wird nicht versuchen, Abgründe, die sich an der Grenze unseres Verstehens auftun, mit einfachen Theorien zuzudecken, auch nicht mit allzu einfachen Lösungen religiöser Art. Er wird vielmehr bereit sein, sie mit offenen Augen zu sehen, und wird dabei die Ratlosigkeit anderer Menschen mit ihnen zusammen durchleiden. Mit dem Herzen denken heißt, barmherzig denken überall, wo Menschen an den Widersprüchen ihres Daseins sich mühen oder an ihnen scheitern. Es heißt, Geduld haben mit dem, was an den

FEUER

Menschen selbst widersprüchlich und unvereinbar scheint. Er wird sich von Urteilen fernhalten über die Zerklüftung der Menschen und sie der versöhnenden Güte Gottes anbefehlen.

Wer mit dem Herzen denkt, wird Respekt haben vor dem Weg, den ein anderer geht, der auf der Suche nach seinem Dornbusch ist oder von seinem Dornbusch herkommt. Er wird ihm helfen, für das Gehörte und Geschaute zu brennen, auch wenn er selbst eine andere Weisung gehört und eine andere Wahrheit geschaut hat.

Wer vom Feuer berührt ist und nun versucht, mit dem Herzen zu denken, wird wissen: Es werden Zeiten kommen, in denen mein Auftrag draußen, mitten unter den Menschen sein wird, und Zeiten, in denen ich in Einklang kommen muß mit dem, der mich ruft, und mit den Kräften in mir selbst, die ihm antworten sollen. Es wird Zeiten geben, in denen ich alles von mir weisen muß, was mich überfremden will, und Zeiten, in denen nichts so unwichtig ist wie mein eigenes Ich. Ich werde Zeiten erleben, in denen das Gesetz meines Handelns nicht aus mir selbst kommt, sondern aus jener Dimension, in die mich der Ruf des Feuers gestellt hat, und Zeiten, in denen alles geschehen darf, nur das eine nicht, die Weisung zu vergessen, die in mir und für mich gilt.

Wer mit dem Herzen denkt, weiß, daß Mißerfolge unvermeidbar sind, aber er braucht seine Mißerfolge nicht anderen zur Last zu legen, Er sieht, daß wir alle bis an die Grenze unserer Einsicht und unserer Kraft gefordert sind, wenn wir zu tun versuchen, was immer heute getan werden muß, und verläßt sich auf die Barmherzigkeit des Gottes, der ihn gerufen hat.

Wer mit dem Herzen denkt, lebt mit offenen Augen. Wir sagen: Glaube macht blind, wie wir auch sagen: Liebe macht blind. Aber beides ist ein Irrtum. Wirkliche Liebe macht sehend, wie wirklicher Glaube sehend macht. Das Feuer, das am Anfang des Glaubens stand, ist zugleich das Licht, in dem das Herz die Wirklichkeit wahrnimmt. Der Anruf des Feuers ist zugleich die »Erleuchtung«.

Wer mit dem Herzen denkt, hat Augen, die schauen. Siehe! sagt Jesus. Schau hin! Du wirst wahrnehmen, was ist. Glauben heißt, Ereignisse sehen, Gleichnisse, Symbole, also Bilder zwischen Erde und Himmel. Es heißt, sich von Bildern herausfordern lassen, die an der Grenze unseres Sehvermögens das Sichtbare öffnen und es durchscheinend machen für das Unsichtbare. Es ist nicht zufällig, daß die Stimme Gottes für Mose das äußere Gewand des Feuers annahm, das Gewand des Lichts. Im Brief an die Epheser lesen wir:

> Gott, den wir durch unseren Herrn Jesus Christus kennen,
> der Vater, der in unzugänglichem Licht wohnt,
> möge euch Geist geben von seinem Geist.
> Er möge euch Weisheit und Klarheit geben,
> ihn zu erkennen.
> Er erleuchte die Augen eurer Herzen,
> so daß ihr schauen könnt, was die Zukunft für euch bereithält
> und welche Fülle an Licht
> sich nun in euch, den Heiligen, spiegelt.
> EPHESER 1,17–18

Erleuchtung ist der Einbruch des Lichts in das Denken eines Menschen, und dieses Licht fällt nun auf Menschen und Dinge, auf Ereignisse, auf Bilder, die das Herz schaut, und die »Augen des Herzens« nehmen die Wahrheit wahr.

FEUER

Ein Lied der Urgemeinde schildert den Vorgang: Ein Mensch muß erwachen, um Erleuchtung zu empfangen. Erwachen, das heißt aufstehen ins Licht. Erleuchtung heißt, sich vom Licht anstecken lassen und selbst brennen. Es heißt, als Brand hinaustreten unter die Menschen.

> Denn Gott, der durch sein Wort dem Licht gebot,
> aus der Finsternis aufzuleuchten,
> der ist als helles Licht in unserem Herzen aufgegangen,
> damit andere an uns erkennen, wer Christus sei:
> der Spiegel des göttlichen Lichts.
> 2. KORINTHER 4,6

Wer der aufgehenden Sonne entgegengeht, dessen Gesicht spiegelt ihre Helligkeit. Seine Stirn ist dem »Gestirn« zugewandt. Sie leuchtet. Das Feuer hellt das Bewußtsein, es bringt die Wahrheit an den Tag. Dem »Erleuchteten« wird erkennbar, wer da vor ihm aufgeht. »Christus, erleuchte uns«, betet die Kirche seit alters und spricht ihn an: »Sonne dieser Welt und der Welt, die da kommt!« Und in diesem Licht offenbaren sich Wert und Unwert des Bestehenden ebenso wie Sinn und Bestimmung des Weges, den wir auf dieser Erde gehen sollen. Aber diese Helligkeit erscheint nicht nur unserem nachdenkenden Verstand, sie tagt auch in der Tiefe unserer Empfindung und wirft ihren Schein auf alles, was wir schaffen und gestalten. Und wenn sie zu ihrem Ziel kommt, dann stehen alle unsere Kräfte, die bewußten und die unbewußten, die leiblichen, die seelischen, die geistigen und wie immer man sie bezeichnen will, in einem gemeinsamen Licht.

Feuer

Gibt es Modelle für ein solches Menschsein? Gibt es Leitfiguren? Gibt es Bilder von Menschen, die das getan haben, was uns heute zu tun aufgetragen ist? Sind es die politischen Täter? Sind es die Techniker? Sind es die Bahnbrecher der Wissenschaft? Sind es die unauffälligen Könige der Industrie oder des Handels? Arnold Toynbee sagt: Sie alle sind es nicht. Es sind nach wie vor und auch für die Zukunft die Propheten und die Heiligen, die bisher alles überdauert haben und auch künftig alles überdauern werden.

Warum sind es die Propheten und die Heiligen? Das Element des Feuers zeigt den Grund: »Heilige« nennen wir Menschen, die sich der umschmelzenden Kraft ihrer Berufung mit ihrem ganzen Wesen und allen ihren Kräften ausgesetzt haben. Sie tragen bedeutende und unbedeutende, bekannte und unbekannte Namen bis in unsere Zeit herein. »Propheten« nennen wir diejenigen, die als die Boten und Sprecher des Gottes, der Feuer ist, sichtbar und hörbar geworden sind, die sich ihrer Umwelt entgegengestellt haben mit dem furchtlosen Wort, freilich mit einem Wort, das nicht nur Klage oder Urteil ausspricht, sondern aus der Liebe zu den Menschen und zu allen Geschöpfen kommt und die Liebe Gottes spiegelt.

Indem die Propheten und die Heiligen über alles hinausgegangen sind, was in ihrem religiösen Erbe gelegen hatte, indem sie den Menschen eine veränderte Zukunft vor die Augen gemalt haben, haben sie nicht nur ihren Zeitgenossen und Nachfahren zugemutet, neue Gedanken zu denken, und nicht nur Wege gewiesen, die nach ihnen Spätere zu gehen vermochten, sie haben vor allem auch gezeigt, zu welcher Helligkeit die menschliche Seele berufen ist. Ihr Feuer aber hält sich nicht zurück. Es entzündet, was immer brennen will, und die Frage ist nur, ob wir selbst uns als brennbar erweisen.

FEUER

Das Offene schauen

Das Feuer ist da. Es will mich ergreifen. Ich werde seine Nahrung sein. Und in dem Maße, in dem ich bereit bin, ihm zur Nahrung zu dienen, werde ich selbst Licht sein. Denn das Feuer will mich nicht verzehren, um mich auszulöschen, sondern damit mehr Licht sei. In der Hymne »Brot und Wein« spricht Hölderlin davon:

> Göttliches Feuer auch treibet bei Tag und bei Nacht,
> aufzubrechen. So komm! Daß wir das Offene schauen...

Es ist zu wenig, sich von irgendwelchen irdischen Energien verzehren zu lassen, die am Ende nur verlöschen können. Es muß schon das ewige Licht sein, auch wenn es so scheinen mag, als würde ich dabei gemindert, auch wenn es scheint, als brächte es mir nichts weiter als Mühe, Schwächung, Alter und Tod. Es wird mir das Aufglühen in dem großen, ewigen Licht Gottes bringen. Ich muß also als Ziel meines eigenen inneren Weges ansehen, daß ich der werde, der die Begegnung mit der Zukunft erträgt, sie aufnimmt, sich nicht gegen sie versperrt, sondern sie mitvollzieht. Ihr zur Verwirklichung hilft. In mir selbst und um mich her.

Am Anfang der Welt ist das Licht. Nicht die Nacht ist der Anfang, nicht die Nacht war es, die nach und nach das Licht hervorbrachte. Am Anfang ist der eine, schaffende, wirkende Gott, der selbst Licht ist und der spricht: »Es werde Licht.« Und von jenem Uranfang her leuchtet das Licht in die Dunkelheit, auch wenn es die Finsternis nicht begreift, und räumt allmählich und geduldig unsere Finsternis aus.

— FEUER —

In der Offenbarung des Johannes wird das Zielbild der Welt im Bild einer Stadt geschildert, die keiner Sonne mehr bedarf und keines Mondes, »denn der Lichtglanz Gottes gibt ihr Helligkeit, und ihr Licht ist Christus«. Das Feuer findet seine letzte Gestalt im reinen Licht.

Und beim Propheten Jesaja lesen wir:

Die Sonne soll nicht mehr dein Licht sein am Tage,
und der Glanz des Mondes
soll dir nicht mehr leuchten,
sondern der Herr wird dein ewiges Licht sein
und dein Gott dein Glanz.
Die Sonne wird nicht mehr untergehen
und dein Mond nicht mehr den Schein verlieren,
denn der Herr ist dein Licht,
und die Tage deines Leidens sind zu Ende.
JESAJA 60, 19–20

Und wir, die Bewohner einer vergehenden Welt, wissen: Etwas Festliches bereitet sich vor. Wenn die Sonne aufgeht, tut sie es ohne Lärmen. In großer Stille schafft sie den neuen Tag. In ihrem großen Gesang nimmt sie die Vollendung vorweg, die unserer Welt bestimmt ist. Wir aber, die schauen und hören, erwarten die Stunde, in der wir durch das Licht hinübergehen in eine unendliche, eine erlöste Welt.

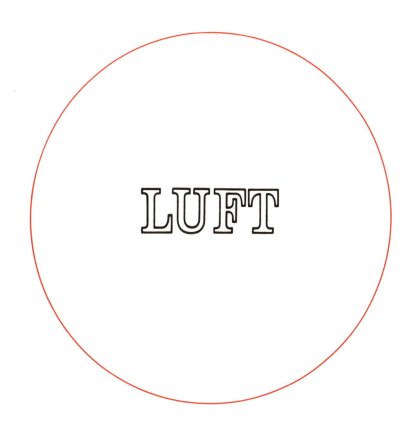

LUFT

Mein Gott, wie bist du so groß! ...
Du spannst den Himmel aus wie ein Zelt
und wohnst hoch über allen Himmeln.
Wolken sind deine Wagen,
auf Flügeln des Windes fährst du dahin.
Winde laufen vor dir her wie Herolde,
Blitz und Feuer umgeben dich und dienen dir!
PSALM 104

Gott machte den Menschen aus Ackererde
und blies ihm den Atem des Lebens in die Nase.
So wurde der Mensch ein lebendiges Wesen.
1. MOSE 2,7

Alle Vögel unter dem Himmel,
preist und rühmet ihn ewiglich!
STÜCKE ZU DANIEL 3,56

Der Wind weht, wo er will,
und du hörst sein Sausen wohl.
Aber du weißt nicht,
woher er kommt, noch wohin er fährt.
So ist jeder,
der aus dem Geist geboren ist.
JOHANNES 3

LUFT

Wind und Raum

Das dritte Element: Luft – Wind – Sturm – Leben – Klang – Duft – Himmelsraum. Offen wie die Phantasie. Element des Traums, des Schwebens, der Freiheit. Element der Inspiration.

Ich stehe im Wind. Ich atme ein und nehme den Weltraum in mich auf. Ich atme aus und gebe mich dem Wind mit auf die Reise. Rilke schreibt in einem seiner »Sonette an Orpheus«:

> Atmen, du unsichtbares Gedicht!
> Immerfort um das eigne
> Sein rein eingetauschter Weltraum ...
> Wie viele von diesen Stellen der Räume waren schon
> innen in mir? ...

»Meine Seele spannte weit ihre Flügel aus«, singt Eichendorff. Er wußte noch nichts von Segelflugzeugen, in denen wir heute solches gelöste Schweben und Fallen, Steigen und Gleiten erfahren. Leicht sein, sich tragen lassen, die Kraft der aufquellenden Luft unter den Flächen fühlen, von der Erde gelöst und ihr doch verbunden. Heitere Gelassenheit mitten im Wagnis.

Ich lehne mich in den Sessel zurück und lasse mich mit dem schweren Jet hinaufschießen in die Wolken. Dunkle Regenwolken über dem Flugfeld – nach wenigen Minuten ein Reich des Lichtes rings um mich her. Ich sehe, daß die dunkle Färbung der Wolken täuscht. Es gibt keine dunklen Wolken, es gibt nur Wolken im Schatten. Alle Wolken sind weiß wie das Licht.

LUFT

Ich fliege durch den Regen und schaue in die schimmernden Spiegelungen der Sonne in den Wolken. Ein Regenbogen wölbt sich rund und groß. Nicht halbkreisförmig, wie ich ihn auf der Erde sehe, sondern rund und vollkommen. Nicht halbiert durch den Horizont des Betrachters auf der Erde. Denn was wir halb sehen, muß nicht halb sein. Es ist vollkommen, sobald wir unsere Erde verlassen.

Tragende Kraft, Freiheit des Spiels. Als Junge noch fast, knabenhaft verträumt, habe ich mit Kameraden zusammen in einer klaren Vollmondnacht mit unserem schweren, eigentlich kunstfluguntauglichen Kriegsflugzeug Kunstflugfiguren an den Sternhimmel gezeichnet, während die schimmernden Schneefelder der Pyrenäen um uns kreisten. Ekstasen dieser Art zeichnen sich tief und bleibend ein in das Landschaftsbild einer Seele.

Als der Krieg zu Ende ging und wir zu Düsenjägerpiloten umgeschult werden sollten, lernten wir noch das Segelfliegen und genossen, während Deutschland unterging, das Glück dieses wunderbarsten Umgangs mit dem Element Luft. Das Element hatte uns ganz und gar.

Schweben. Man braucht nur zu wissen, was das Element kann, und sich ihm zu überlassen. Man braucht nur zu tun, was es will, was es erlaubt. Man braucht nicht gegen die elementaren Kräfte zu protestieren, man braucht nicht gegen sie zu kämpfen. Man kann die Kraft gewinnen, die die Stunde von sich aus dem gibt, der sich ihr anvertraut, wie die Luft mit ihren ungeheuren Energien sich dem gibt, der mit ihr umzugehen weiß. Wer sich festhält, verliert sich, sagt Jesus.

Ich schaue einer Möwe zu und bringe mich selbst mit ihrem Flug in Verbindung, mit ihrem Tanz auf den Windböen. Sie hat die Wirbel unter den Flügeln und hält doch das Gleichgewicht, hält sich

selbst frei in der Luft. Das Wagnis übernehmen und mitten im Wirbel die eigenen Ziele nicht aus dem Auge verlieren – das wäre die Möwe in mir. Denn die Luft nimmt mir meinen Willen nicht, sondern fordert ihn heraus. Sie zeigt mir, je freier ich mich ihr überlasse, neue Räume und eine neue Freiheit. Ich sitze im Boot, ziehe die Segel an und gleite über das Wasser. Das Element dient mir.

Aber es ist doch zugleich eine Kraft, die mir überlegen ist. Ich stehe im Sturm und habe Mühe, mich auf den Beinen zu halten. Die fauchende Kraft möchte mich wegtreiben, fortwehen, mit sich führen in eine unbekannte Ferne. Sie faßt mich in ihre Wirbel, sie macht mich fremd meinem festen Ort auf dieser Erde und vielleicht auch mir selbst.

Ich sehe, wie der Wind an den Bäumen zerrt, wie er den Rauch aus menschlichen Wohnungen über das Land hin treibt. Was wäre, bliese der Wind nicht? Ersticken. Einschlafen. Sterben. Smog über dem Dasein, über der Seele. Der Wind ist das Leben, und die vier Richtungen der Erde werden spürbar in den vier Richtungen des Windes.

Sandsturm. Auf der Wanderung durch eine Wüste begegne ich der Arbeit des Windes. Wo Erde und Fels, von Wald oder Heide nicht geschützt, dem Sturm ausgesetzt sind, wo Sand sie peitscht oder aufgewirbeltes Geröll, da verändern sie sich, als schlüge ein großer Bildhauer neue Gestalten aus ihnen heraus. Luft und Wind sind der dritte Raum elementarer Erfahrung.

Die Luftschicht, die der Erde am nächsten ist, in der sich das Wetter ereignet und die Winde ziehen, die Zone, in der Regen und Sturm sich abspielen, in der die Wolken schweben oder schwimmen, nennen wir die »Troposphäre«, das heißt die Sphäre der Wandlungen.

Luft

Über ihr folgt die »Stratosphäre«, die ruhig »Hingebreitete«, und immer leichter werdend, reicht die Lufthülle über dieser, allmählich verschwebend, noch rund 800 000 Meter über unsere Erde.

Die »Sphäre der Wandlungen« als Ort des Menschen – man könnte es nicht poetischer und nicht zutreffender sagen. Nichts bleibt in ihr verläßlich. Nichts ist so »wetterwendisch« wie das Wetter, nichts wechselt so unberechenbar wie der Druck der Luft, vor kaum einer Erscheinung steht die Wissenschaft, allen Hilfsmitteln zum Trotz, bis heute so hilflos wie vor den Launen der Windströme, die unser Wetter bestimmen. Aufsteigende und fallende Luft, warme oder kalte, ruhende oder fließende – es gibt bis heute kein erkennbares Gesetz, nach dem sie sich zu bewegen hätte. Als wäre sie der Gegenspieler zur Ruhe und Verläßlichkeit unserer Erde, spielt sie alle Melodien der Veränderung und fordert von uns ständig neue Anpassung an Sonne oder Wind, Regen oder Schnee.

Die Luft ist das Zauberreich der Wolken, ausgebreitet am blauen Himmel. Quellende Wolkengebirge neben verspielten Wolkenhaufen, Zinnen in langen Reihen, Türmchen, wahllos aus breitem Flaum sich erhebend, wie eine Herde Schäfchen auf der Himmelswiese wandernd oder als Federn aus zarten Eisschleiern verfliegend, amboßförmig riesenhaft aufgebaut zur Gewitterwolke oder in die Breite gezogen zum schmalen Föhnstreifen, dichter und dichter hingelagert zur grauen Regenwolke oder Nebel, sich drängend in den Tälern oder leicht hinschwebend über flachem Wasser. Von aufsteigenden Luftmassen in Bewegung gesetzt, von der Drehung der Erde gesteuert, treibt der Wind ungeheure Wassermassen in alle Richtungen des Himmels und verwirbelt so die Wärme und den Regen über der Erde. Wir aber haben das Wetter auch in uns. Alles, was außen geschieht, geschieht

LUFT

auch in uns selbst. Aufquellende Kraft und Depression messen wir außen und erfahren oder erleiden wir innen.

Und so beschreiben wir auch das Leben unter den Menschen mit Worten aus dem Geschehen des Wetters. Wir sprechen von einem »Klima« und meinen die »Atmosphäre«, bestehend aus Stimmungen und Gefühlen, Vorurteilen und Gesinnungen zwischen den Menschen, von einem »Betriebsklima«, wenn wir Wärme oder Kälte meinen oder Störungen des gemeinsamen Lebens. Wir sprechen von Schlechtwetter zwischen den Staaten, von dunklen Wolken am Horizont oder von einem »Tauwetter« nach einer Zeit des kalten Krieges oder gar einer politischen »Eiszeit«.

Element Luft – das ist auch das weite Feld des Geruchssinnes, dieses benachteiligten unter den Sinnesorganen. Keine Kunst beschäftigt sich mit ihm, und keine Namen gibt es für das weite Spektrum dessen, was auf seinen Wegen zu uns gelangt. Lebten wir in den Ländern des Nahen Ostens, so empfänden wir den Reichtum der Gerüche wie die Vielfalt eines großen, blühenden Gartens oder die unendliche Welt der Farben und der Töne. Hunderte von Namen gibt den Gerüchen der Reichtum der arabischen Sprache. Da wir aber im Abendland leben, wissen wir wenig oder nichts vom Geheimnis des Geruchs, und wenn wir zudem einer protestantischen Überlieferung angehören, fehlen uns auch noch die wenigen Gerüche, die die katholische Kirche den Ihren gönnt. Wir haben keine Namen für den Duft des Waldes und der Kräuter, keine für die Frische und Schärfe der Seeluft, keinen für die Süße des Heudufts oder des Harzes, keinen für den Geruch von Tang, von Fisch, von Blüten oder Früchten, keinen für den Duft des Regens nach großer Hitze, keinen für das Brot oder den Wein.

> LUFT

Als ich einmal mit einer Beduinenfamilie unterwegs war, erzählte mir der Vater, sein kleinstes Kind, noch kein Jahr alt, sei in der Schule. Auf meine erstaunte Frage, was denn ein so kleines Kind in der Schule zu suchen habe, lächelte er und sagte: »Es ist mit seiner Mutter unterwegs und lernt die Stimmen der Ziegen und den Geruch des Wassers.« Wir Abendländer könnten schon deshalb in einer Wüste nicht überleben, weil wir den Geruch des Wassers, das metertief unter dem Sand ist, nicht bemerken.

Wenn aber der Orientale Paulus schreibt, Christen seien für Gott ein Wohlgeruch, so haben wir Mühe, das Gleichnis mit den Mitteln unserer eigenen Erfahrung aufzuschließen. Die Welt der Gerüche ist unserem Nachdenken zu fern.

Alles ist Klang

Ich sitze einem Freund gegenüber und forme, atmend, eine Folge von Worten. Auf merkwürdige Weise teilt sich die Bewegung in meinem Kehlkopf dem anderen mit. Raum, mit Luft gefüllt, nimmt die Schwingung auf, trägt sie mit sich fort, und was ich sage, wird von einem Ohr aufgenommen. Luft, das Geheimnis des Verstehens.

Luft, das ist Klang, Ton, Geräusch, Lärm, Sprache, Musik. Auf der Bühne eines Konzerthauses steht einer und spielt ein Instrument. Der Raum klingt, und tausend Menschen empfinden: Musik. Wohlklang. Aussage ohne Worte. Das Medium Luft ist die Bedingung, ohne die nichts sich mitteilt. Keine Schwingung entsteht ohne tragendes Medium, jedenfalls im Umkreis unserer unmittelbaren Erfahrung. Eine Flöte kann mir erzählen, was Luft ist, eine Saite kann es, eine

> LUFT

Trommel. Aber der Klang erreicht nicht nur mein Ohr. Er erreicht jeden Gegenstand in seiner Reichweite und erweckt die gleiche Schwingung in ihm. Auch mein Körper ist in jedem Augenblick durchweht und durchwirkt von Schwingungen. Ich empfinde sie an meiner Haut als Wärme. Sie durchdringen mich als die Schwingung, die ein Rundfunksender ausstrahlt. Ich schwinge mit und nehme alles auf. Ich lebe darin oder leide darunter. Dem Element Luft entrinne ich auf keine Weise.

Wer das bezweifelt, berühre die Antenne eines Empfängers. Er bemerkt an der Änderung des Tons, daß er selbst eine Antenne ist, daß er alles empfängt und weitergibt, was da in der Luft ist. Er ist umspielt von Hunderten von Sendern aus aller Welt. Australien. China. Kanada. Vielleicht bin ich, während ich darüber nachdenke, durchspielt von hundert Konzerten, von dreihundert oder tausend sonstigen Sendungen, von unzähligen Filmen, von Telefonaten der Polizei, von Versuchen der Amateure. Was mir fehlt, ist lediglich die Fähigkeit, die hohe Frequenz und den hörbaren Ton voneinander zu trennen. Nur das unterscheidet mich von einem Empfangsgerät.

Als ich ein kleiner Junge war, machten wir Steine zu unseren Instrumenten. Wir suchten uns prismenförmige Kalksteine mit runden ausgewaschenen Hohlräumen, legten sie in eine Schnurschleuder, die wir über dem Kopf drehten und aus der wir den Stein mit großer Geschwindigkeit schleuderten, bis 200 Meter weit über Feld. Durch die schnelle Eigendrehung der Steine entstand ein zauberhafter Klang, ein Schwingen und Rauschen und Singen, ein Brausen oder Schnattern oder Summen und Heulen. Der Gesang der Steine unter dem offenen Himmel der Schwäbischen Alb war die erste Musik, die mich wirklich bewegt hat und die ich geliebt habe.

(LUFT)

Die alten Völker des Ostens schlugen den Gong an, wenn sie Geister abwehren oder der Würde eines Königs an seinem Hof Ausdruck verleihen wollten, um zu den Göttern zu rufen, einem Heer ein Signal zu geben oder Nachrichten über große Entfernungen durchzusagen. Die ungeheure Schwingung, die aus den riesigen Instrumenten hervorgeht, geht weit über das hinaus, was das menschliche Ohr erträgt.

Vor mir sitzt einer und flötet. Sein Atem treibt ein Luftband gegen das Labium. Dort bricht es sich in Wirbeln, und die Luftsäule im Innenraum des Instruments dringt unter Kreisen und Schwingen ins Freie, der Ton öffnet sich zum Raum, schwingt in seiner Resonanz mit und wird am Ende aufgenommen in der Wirbelkammer des menschlichen Ohrs. Denn die wirbelnde Schwingung schafft sich im Gehörgang des Menschen zugleich selbst das wirbelförmige Aufnahmeorgan.

Klang entsteht, breitet sich aus, dehnt sich in der Zeit, läuft durch den Raum. Kugelförmig breitet er sich, spiralig oder gerichtet, schwingt zurück und kehrt wieder, weckt andere Klänge, die wieder ihrem eigenen Gesetz folgen. Und je nachdem, was da schwingt, kann der Ton heilen oder verletzen, lebendig machen oder einlullen, wach machen oder verführen. Da werden Schichten der Seele und des Leibes erreicht, die uns sonst unerreichbar sind. Und manchmal ist Musik die Kraft, die unseren Empfindungen und Gefühlen allererst ihre Form gibt.

Schwingung aber entsteht nur, wo ein Widerstand ist. Würde der Gong keinen Widerstand bieten, so ginge der Schlegel durch ihn hindurch, und es geschähe nichts. Wäre die Saite nicht gespannt und beharrte sie nicht darauf, in dieser Lage zu bleiben, könnte sie nicht klingen. Stieße der Atem nicht gegen die Kante im Mundstück der

LUFT

Flöte, so bliebe sie stumm. Indem ich Widerstand schaffe oder dem Widerstand begegne, schaffe ich Kraft.

Was im Element geschieht, spiegelt sich immer auch im Dasein des Menschen überhaupt. Wer Widerstände vermeiden will, macht die Luft dumpf. Wer es nicht aushält, daß ihm Widerstand begegnet, dem stirbt das Leben unter den Händen. Er kann entstehende Wirbel um sich her – und das gilt auch vom gemeinsamen, auch vom politischen Leben – nur ersticken, er erklärt den Wirbel, das eigentlich Lebendige, für nicht erlaubt und breitet die Leblosigkeit rund um sich her aus.

Dieses Gesetz äußert sich aber auch im Wachen und Schlafen, in Bewegung und Ruhe, in Reden und Schweigen, im Geben und Empfangen. Wer den einen Pol eines rhythmischen Geschehens wegnehmen will, bringt das Leben zum Erlöschen. Alle Lebendigkeit ist ein Schwingen, ausgehend von der Kraft, die in Spannung und Widerstand liegt und die jeweils vom einen zum anderen Pol zurückruft.

Im Innenraum des Instruments beginnt der Klang. Im Raum der Resonanz, im Instrument weitet er sich, im großen Raum schwingt er aus, von den Grenzen des Raums federt er zurück. Der Raum schafft die Farbe des Klanges, die Färbung, wie wir sagen, des Tons.

Ein Raum ist gut, wenn Höhen und Tiefen gleichermaßen schwingen. Die Tiefen, die der Erde, dem Grund unter unseren Füßen, entsprechen, die Höhen, die dem Prinzip Luft folgen. Es mag sein, daß die vier Saiten der alten Leier nichts waren als klangliche Abbilder der vier Elemente, der Erde, des Wassers, der Luft und des Feuers.

Der Klang aber verbindet den Raum und die Zeit. Anders als die bildende Kunst findet Musik in der Zeit statt. Anders als die fertigen Werke der Architektur bedarf sie der ständigen Nachschöp-

> LUFT

fung, um wirklich zu sein. In der Zeit spielt sie sich ab, nach gemessener Zeit endet sie. Aber das Phänomen der Zeit wäre nicht wirklich ohne den Raum. Der Raum, sagt Novalis, geht in die Zeit über wie der Körper in die Seele. Die Musik aber ist die Kunst, die in der Einmaligkeit besteht und die Wandlung will. Kein Musikstück wird zweimal gleich gespielt. Kein Gong klingt zweimal gleich. Ebenso sollen wir Menschen unser Leben lang den Klang wandeln, der von uns ausgeht, denn auch unser Atem und unsere Sprache sind Musik.

Immer wieder fordert die Bibel den Menschen zum Singen auf. Er solle nicht nur reden, sondern das scheinbar ganz und gar Nutzlose tun: singen. Vor 500 Jahren hat einer gesagt: »Das Urbild alles Spielens auf Flöten, Krummhörnern und Pfeifen, überhaupt die ganze Musik, ist der Gesang.« Der Mensch soll also, ist gemeint, ehe er ein Instrument zur Hand nimmt, selbst zum Instrument werden mit dem ganzen Reichtum an Farben und Klängen seiner Stimme.

Ein Mensch äußert seine Lebendigkeit im rhythmischen Leben seines Körpers, im Klang seines Herzschlags und dem Aus- und Eingehen seines Atems. Er macht den Rhythmus seines Körpers nicht, der läuft aus seiner eigenen Kraft und nach seinem eigenen Gesetz. Singen aber heißt, den eigenen inneren Rhythmus und die eigene innere Melodie mit der Luft spielen lassen. Singen heißt, seiner Seele mit allem, was in ihr lebt, im Raum eine lebendige Gestalt verleihen. Singen heißt, was an Stimmungen in mir ist, rein oder unrein, auf einen reinen Ton stimmen. Und das bedeutet, daß nicht nur für das Singen, sondern für alles Musizieren der Atem der Anfang ist, der Rhythmus und Klang des Lebens, die in mir sind. Indem ich aus- und einatme, beginnt die Musik.

LUFT

Die Alten sprachen von den vier Elementen, von Erde, Wasser, Luft und Feuer, als von den Bedingungen des menschlichen Daseins und den Grundbildern unserer Seele zugleich. Es ist nicht wichtig, in welcher Reihenfolge wir sie aufzählen. Sie stehen ja nicht nebeneinander. Sie sind vielmehr im Kreis einander zugeordnet, sie sind das in sich selbst zurückkehrende Ganze der Schöpfung. In ihnen allen aber ist ein gemeinsames Feld von Schwingungen. Im Grunde ist alles, was ist, eine einzige große Musik. Die Bewegungen der Gestirne wurden früh schon mit dem Symbol der »himmlischen Musik«, der »Harmonie der Sphären« gedeutet, und bis zu den kleinsten Bauteilchen der Materie besteht nach der Erkenntnis einer sensibel gewordenen Wissenschaft, die behutsamer nach dem zu fragen beginnt, »was die Welt im Innersten zusammenhält«, alles aus Klang. Aus staunenswert abgestimmter, harmonischer, berechenbarer, klingender und tragender kosmischer Musik.

Der Busch singt

Unter dem Blätterdach eines Baumes
sitzt ein Busch
und singt.
YUMA- UND YAQUI-INDIANER

Wie Saitenspiel
erklingt die Föhre auf dem Gipfel,
wenn der Wind durch die Zweige geht.
Wo hat er diese Kunst gelernt?
SAIGU NO NYOGO

LUFT

Der Wind weht, wo er will

Es wollte Goethe nicht einleuchten, daß »im Anfang« das Wort sei, ihm war das erste die Tat. Aber ich fürchte, hier irrte Goethe. Eine Tat, zumal die eines Menschen, kann nur Antwort sein auf ein Wort, das viel früher erging. Bis heute ist das Geheimnis der Schöpfung nicht tiefsinniger zu deuten als mit diesem kurzen Satz aus dem Johannesevangelium. Aus dem Geist ging die Welt hervor, und das schöpferische und alles durchklingende »Wort« war das Instrument des göttlichen Schaffens.

Im Atem ergeht das Wort. Als Gott den Menschen »aus Ackererde« gebildet hatte, »blies er ihm seinen Atem in die Nase, und so wurde der Mensch eine lebendige Seele«. Er wurde, er richtete sich auf, atmend, Gottes Geist, den schöpferischen, in sich einziehend und aus sich entlassend. Nie den Geist Gottes besitzend, aber immerfort ihn ein- und ausatmend und nur so ein Teilhaber des Lebens. Der Atem ist als Träger des Lautes, des Wortes, der Sprache die schöpferische Kraft, aus der der Mensch lebt. Denn der Atem Gottes ist ein anderes Wort für seinen Geist.

Als Jesus am Osterabend seinen Jüngern erschien, hauchte er sie an und sagte: »Nehmt hin den heiligen Geist.« Und so wurden sie lebendig, standen auf und begannen zu sprechen und zu singen. So wurden sie Menschen, die Raum, ein lebendiges Herz, in sich hatten, und sie begannen, ein leises, wichtiges Wort auszusprechen. »In der Kraft des Geistes gingen sie ihres Weges.« Sie empfingen die Kraft zur leisen, gefüllten Sprache. Denn es ist ja gerade der leise Ton, der die große Kraft erfordert. Wer Flöte spielt, weiß: Je leiser ein Ton ist, desto mehr Kraft ist nötig, damit er schwingt und nicht zerfällt.

LUFT

So beschreibt die sogenannte Weisheitsliteratur in der Bibel, was wir Menschen mit unserem Atem tun sollen: Es soll in unserem Sprechen ein Einklang entstehen zwischen uns und denen, die uns hören, Gott und den Menschen. Es soll Wahrheit entstehen, Genauigkeit, Gerechtigkeit, Wohlklang, Einvernehmen, Vertrauen. Der Atem Gottes soll spürbar werden, wenn wir sprechen, er soll das Medium sein, in dem alles schwingt, was wir hören und antworten.

Hören wir, was die Bibel über das Reden und das Schweigen sagt, so finden wir sehr einfache Regeln, etwa so: Rede, wenn du etwas zu sagen hast, und schweige, wenn du nichts zu sagen hast. Richtige Worte, also »goldene Äpfel auf silbernen Schalen«, sind Worte, die zwischen klein und groß, wichtig und unwichtig, deutlich und verschwommen genau unterscheiden und wissen, in welcher Situation sie ihr Recht haben. Wenn du redest, höre ich, dann hüte dich vor der Übertreibung. Nichts ist ganz schwarz und nichts ist ganz weiß. Selbst die strahlende Sonne hat Flecken, das schmutzigste Wasser spiegelt noch ein Licht.

Wir sind, indem wir atmen, selbst ein Wort, ein lautes oder leises, ein wahres oder ein täuschendes. Und es ist nicht so schwer, zu vergleichen, ob das, was wir sind, übereinstimmt mit dem, was wir sagen, ob wir also glaubwürdig sind in unserem Atem. Aufrichtig. Aufgerichtet.

Ich höre Jesus: Wenn das wahr ist, was du sagst, dann brauchst du dein Wort nicht zu sichern, etwa durch einen Eid. Wenn dir einer gegenübersteht, der das Gehör hat, dann dringt dein Wort an sein Ohr und in sein Herz. Hat er das Gehör nicht, dann ist ohnedies alles in den Wind gesprochen. Es ist nicht mehr Wahrheit in der Welt dadurch, daß die Menschen schwören.

Luft

Ich wundere mich unsäglich über eine Kirche, die bis zum heutigen Tag nicht lesen kann, was da steht: »Ihr sollt nicht schwören«, und die Unsitte des Schwörens vor einem Gericht oder der Fahne eines Staates unverdrossen mitträgt, nur, weil ein Staat meint, ohne eine kleine Dosis primitiven Aberglaubens nicht auszukommen.

Als ich achtzehn war, sollte ich einen Fahneneid leisten. Aber ich meldete mich auf den Tag krank, weil ich auf Hitler nicht schwören wollte. Ich wüßte heute andere Wege, einen Eid zu verweigern. Und ich möchte die Christen unter den Rechtsgelehrten aufrufen, sich andere Mittel, die Wahrheit einer Aussage zu sichern, einfallen zu lassen als den Schwur. »Eure Rede sei ein Ja, das ein Ja ist. Ein Nein, das ein Nein ist. Alles Weitere ist vom Übel.«

»Im Anfang war das Wort.« Im Paradies, so wird erzählt, redete Adam mit den Tieren und gab ihnen ihre Namen. Wer einmal wach geworden ist, der lebt in der Grenzzone zwischen dem Hörbaren und dem Unhörbaren, der merkt, daß Tiere sprechen und der Wind redet. Sie sind so stumm nicht, wie wir meinen. Er beginnt zu empfinden, daß der Geist Gottes überall weht, wo Leben ist, und seine begrenzte Welt öffnet sich in den unendlichen Raum der Gegenwart Gottes. Denn auch die Stille ist eine erfüllte Welt voller Lebendigkeit, und erst aus ihr heraus löst sich der Klang, der Ton, das Wort, das Lied. Es ist eine wichtige Übung, irgendwo draußen in Wald oder Feld alle Geräusche zu vernehmen, die irgend an unser Ohr dringen, selbst keines zu verursachen, die Bewegungen des Windes, das Flirren des Insekts, Vogelflug und die fernen Stimmen, und dabei auch die brutalen Laute von Flugzeugen, Motorrädern oder Traktoren zu hören – den ganzen akustischen Müll, der sich um uns her aufhäuft und uns zuzuschütten droht, ihn aber dann zu überhören, um den feineren Stimmen offen zu sein.

Es ist die besondere Gabe des Menschen, diese Sprache nachzusprechen, nachzudichten, nachzusingen. Das Schicksal der Dinge aufzunehmen, zu verstehen und ihm gerecht zu werden. Voraussetzung ist Liebe zu allem, was lebt. Wir brauchen nur den Mut, in Gottes Atem mitzuatmen, in Gottes Sprache mitzusprechen, in Gottes Tun mitzutun. Es gehört der Glaube dazu, daß Gott näher ist als irgend etwas, das um uns her ist, und daß Gott uns innerlicher ist, als wir uns selbst sind. Inspiration ist Einatmen des Atems, der in Gott ist. Und dies, und nicht weniger, ist uns zugedacht.

»Singet dem Herrn«, sagt der Psalm. Über die Sprache hinaus geht das Lied. Die ganze Geschichte des biblischen Volkes hindurch zieht sich die Aufforderung, »zu singen, zu rühmen und zu loben«. Diese Sprache des Atems aber soll sich weiten zur Bewegung, zum Tanz, zum kultischen Spiel, in dem das Lied sichtbare, lebendige Gestalt findet.

Als Maria ihren Lobgesang sprach: »Meine Seele erhebt den Herrn, und mein Geist freuet sich Gottes, meines Heilandes«, da saß sie keineswegs auf einem Stuhl – das wäre damals für Frauen jenes Kulturkreises undenkbar gewesen. Da sagte sie keineswegs diese Verse einfach so her. Wenn damals Frauen einen Lobgesang anstimmten, dann tanzten sie, und das Tamburin oder die Trommel oder die Flöte nahmen den Rhythmus des Atems und des Herzens auf.

Die Mosegeschichte erzählt: »Da nahm Mirjam, die Prophetin, eine Pauke in die Hand, und alle Frauen folgten ihr nach mit Pauken in einem Reigen. Und Mirjam sang ihnen vor: Laßt uns dem Herrn singen, denn er hat eine herrliche Tat getan.« Daß man zum Singen in Bänken sitzt, das ist eine Erfindung des abendländischen Christentums. Und so stelle ich mir auch vor, daß Maria und Elisabeth miteinander getanzt haben, ekstatisch und mit all ihrer Kraft.

Gehen wir dem Geheimnis des Atems nach, so wird uns auch das abgründige Rätsel weniger rätselvoll sein, daß Gott selbst »spreche«, daß da ein Wort von Gott an uns gerichtet sei und wir Menschen das Privileg hätten, ihm mit unserem Wort zu antworten. Wir wissen auf der einen Seite, daß wir in Gott sind in jedem Augenblick, ob wir reden oder schweigen, und das schweigende Anbeten die angemessene Antwort auf seine Gegenwart sein wird. Wir sind aber auch aufgefordert, ihm, dem sprechenden Gott, gegenüberzustehen, ihm zu antworten, also unser Wissen um seine Nähe in Sprache zu fassen.

Denn es gibt auch ein unmittelbares Gespräch zwischen Gott und uns Menschen, nicht vermittelt durch andere Personen, durch eine Kirche oder ein Amt. Wir hören ihn mit dem äußeren Ohr durch den Mund von Menschen. Wir hören ihn aber auch mit dem inneren Ohr. Wir antworten ihm mit dem stillen Atem des Gebets. Und wir werden von dem, was wir dabei hören, zu anderen Menschen sprechen, und andere treten so durch unser Wort wieder in ihr eigenes Gespräch mit Gott ein.

Wenn wir aber unsere Erfahrung in Worte fassen, werden wir darauf achtgeben, was andere uns in ihrer Sprache aus der inneren Welt ihres Gesprächs mit Gott sagen. Wir erwarten dabei, daß uns Gott durch den Mund eines anderen Menschen etwas sagen kann, was uns neu oder fremd ist, und werden darum nicht unter die Rechthaber gehen. Wir werden die Wahrheit niemals auf das eingrenzen, was wir selbst zu verstehen meinten. Wer recht haben will, zeigt, daß er nicht damit rechnet, daß Gott wirklich redet.

Denn die Wahrheit ist größer und differenzierter als die Worte sind, in denen wir uns unter Christen über unseren Glauben zu verständigen pflegen. Alles, was wir in Worte fassen, ist vereinfacht, und so erwarten wir, daß auch in den zu einfachen Worten des anderen Menschen der Atem Gottes, inspirierend, uns die Wahrheit zuspricht.

Eine der Urfragen, die die Menschen seit Jahrtausenden beschäftigt und die bis heute hoffnungsvoll oder resigniert oder verzweifelt gestellt wird, ist die, ob denn dieses Dasein für uns Menschen irgendeinen Sinn habe. Es liegen in ihm zu viele Widersprüche, es ist zu zerrissen nach innen und außen, als daß ihm so leicht ein Sinn abzugewinnen wäre. Zu viel Leid und Elend, zu viel Lüge und Bosheit, zu viel Hilflosigkeit und Hinfälligkeit überall, wohin das Auge reicht. Es ist kein Zufall, daß die Menschen oft genug ihre Zuflucht zu der Vermutung nahmen, diese Welt sei von einem bösen Gegengott erfunden und gestaltet worden, einem »Durcheinanderwerfer«, einem »Diabolos«, wie sie ihn nannten, einem »Teufel«.

Was wir aber von der Welt erfahren können, spricht von einem bewundernswerten Kosmos, von der erkennbaren Tendenz in allen seinen Bereichen, im gleichen Rhythmus zu schwingen, und es ist zu vermuten, daß viel von dem, worunter wir Menschen leiden, ein Spiegelbild unserer eigenen Unordnung sei. Wir sind in ein Spiel aufgenommen, in dem wir mitspielen können und sollen, und wenn wir fähig sind zu staunen, werden wir am Zusammenhang, am endlichen Sinn, in dem wir leben, kaum noch zweifeln können.

Ich meine in der Tat, die Chance für die wacheren unter unseren Zeitgenossen bestehe darin, sich bisher ausgesparten, verleugneten, vergessenen Wirklichkeiten neu zu öffnen und es in Kauf zu nehmen, daß man sie rückständig oder Schlimmeres schilt. Es könnte sein, daß sich ihnen eine größere, eine reichere, eine tiefere Wirklichkeit offenbarte als die, die sie kennen, und sie fähig würden, sich ihr mit einem neuen Vertrauen zuzuwenden.

Himmlische Musik

Im »Paradiesgärtlein«, einem Meditationsbild aus der oberrheinischen Mystik des anfangenden 15. Jahrhunderts, sitzt die Heilige der himmlischen Musik, Caecilie, und hält dem Christuskind das Instrument hin, während das Kind mit Hölzchen die Saiten anreißt und den Garten mit Klang erfüllt.

Die Physiker der alten Welt und noch des Mittelalters stellten sich vor, der Kosmos bestehe aus ineinanderliegenden, schalenartigen Kristallkugeln, die sich ineinander drehen. Sie seien aber so vollkommen in ihrer Kugelgestalt, daß durch ihre Bewegung eine wunderbare Musik, die Musik der Sphären, entstünde, und diese Musik sei das eigentliche Merkmal der Vollendung.

Auf unserer Miniatur ist es das Kind, das heißt der zu seiner Vollkommenheit gelangte Mensch, der diese Musik hervorbringt: das Zeichen der vollkommenen Welt und des vollkommenen Friedens in Gott.

Das Instrument ist ein Diener des Klanges. So weiß, wer mit dem Herzen denkt, daß er nicht der Urheber seiner Erfahrungen ist und nicht der Urheber der Wahrheit, auch nicht der Urheber dessen, was gut ist und gelingt. Er sieht sich als Durchgangsort für etwas, das

kommt und geht und dessen Instrument er ist, Flöte oder Saite oder Gestalter eines Wortes.

Wer mit dem Herzen denkt, ist klug genug, sich nicht selbst wichtig zu nehmen. Er weiß, daß er entbehrlich ist und dennoch, aus der Gnade Gottes, unentbehrliches Instrument.

Wer mit dem Herzen denkt, weiß, daß keiner seiner Gedanken zu Ende gedacht ist, sondern immer noch andere Gedanken nachfolgen müssen, und daß alles Erkannte der Veränderung, der Bewährung und der Wandlung bedarf.

Wer mit dem Herzen denkt, der ist unterwegs unter den Wolken und den Winden und weiß, daß er kein Ziel, sondern immer nur Rastplätze seines Denkens und seines Glaubens erreicht hat und daß die Wege weitergehen bis an ein Ziel, das ein anderer gesetzt hat.

Wer mit dem Herzen denkt, der dankt für jede Begegnung und ist bereit, auch den Abschied zu bejahen, wenn er ihm beschieden wird. Er dankt für die Gegenwart des Geistes, er versucht, »geistesgegenwärtig« zu tun, was die Stunde will, und ist bereit für den Tag, an dem er von der Gegenwart des Geistes nichts fühlt.

Wer mit dem Herzen denkt, kennt die Angst, die mit alledem verbunden ist, die Angst, sich selbst zu verlieren, die Angst, sich selbst fremd zu werden, wenn ihn ein Klang erfüllt, den er noch nicht kennt. Er weiß aber, daß der Klang wichtig ist.

Jeder Klang hat seine Zeit. Er schwingt auf und verklingt. Wer mit dem Herzen denkt, versteht darum zu beenden, was seine Stunde gehabt hat. Er wirft sich selbst voraus, läßt sich vom nächsten Augenblick auffangen und vertraut der Gnade, die er erfahren hat und die, wenn sie will, ihm wieder begegnet. Er vertraut sich dem unendlichen Raum an, der ja bei aller Unendlichkeit auf eine eigentümliche Weise

> LUFT

nahe ist, Bild auch für Gott selbst. Tersteegen redet Gott an als »Luft, die alles füllet, drin wir immer schweben«. Dies aber ist das Letzte, das über den Raum zu sagen ist.

Wer mit dem Herzen denkt, vermauert sich nicht. Er vertraut, was ihm selbst anvertraut wurde, dem ungewissen Element an, das sein Wort zu anderen Menschen hinüberträgt und das Wort dabei vielleicht so verändert, daß es stumm wird oder unverständlich. Er nimmt in Kauf, daß es verhallt. Er nimmt wahr, was ihn trifft, und nimmt die Herausforderung an, auch wenn sie ihm das Gleichgewicht nimmt. Auch der Vogel ruht nicht auf der Luft, er reagiert mit Herz und Flügelschlag auf den Stoß, den er aufnimmt.

Wer mit dem Herzen denkt, entdeckt das Heilende auch im Element der Luft: die heilende Kraft der Bewegung, der Schwingung, des rhythmischen Geschehens in ihm selbst und um ihn her. Die heilenden Kräfte der Musik, des Singens, des Tanzes. Die heilende Kraft der Meditation, die uns nach allen Seiten mit dem in Verbindung bringt, was über unseren kleinen Verstand und seine Reichweite hinausgreift. Denn es gehört zu den Grunderfahrungen, die heute zu machen sind, daß die Kräfte, die die Geschichte vorwärtstreiben, nicht die des Menschen allein sind. Daß die schöpferische Kraft, die im Kosmos wirkt, nicht die des Menschen ist. Daß die Stufenleiter der Geschöpfe mit einiger Gewißheit höher reicht als nur bis zum sogenannten homo sapiens und daß am Ende die Rede von Gott keineswegs ein Relikt aus vergangenen Zeiten ist, sondern eine Notwendigkeit für den, der wissen will, woher für die Zukunft rettende und heilende, erlösende und befreiende Kräfte kommen sollen.

Glaube an den schöpferischen Geist Gottes, den gegenwärtigen und ungebrochen lebendigen, bedeutet aber auch die Einsicht, daß

LUFT

jederzeit neue Einbrüche in den Ablauf der Geschichte möglich sind. Glaube an den Geist umschließt die Hoffnung, daß ein Mensch oder die Menschheit als ganze fähig sei, sich zu wandeln. Glaube an den schöpferischen Geist ist die eigentliche Gegenkraft gegen jene Denkzwänge, die man bei uns als Sachzwänge bezeichnet. Er umschließt, daß diese Erde Schöpfung ist und der Geist Gottes noch immer in ihr am Werk.

Der Adler singt

Die Strahlen der Sonne
säumen meine Flügel
und reichen weit hinaus
über die Flügelspitzen.

Ein kleiner grauer Wirbelwind
versucht mich einzufangen.
Er wirbelt, er wirbelt
quer über meinen Pfad.

Lied eines Papago

LUFT

Resonanz

Im Element Luft berühren wir ein drittes Urgesetz des Daseins. Das erste zeigte sich in der Erfahrung der Entsprechungen oder der Analogien, das zweite in der Erfahrung des Gegensatzes oder der Polarität. Das dritte ist nun das Grundgesetz, das für allen Klang, aber darüber hinaus für alle lebendigen Vorgänge gilt, für alles Entstehen eines Tons ebenso wie für alles Hören und Vernehmen: Es muß eine Schwingung entstehen, und die Schwingung muß sich selbst wiederfinden in der Resonanz.

Das gilt nicht nur für Musikinstrumente, sondern auch für mich, den Menschen. Ich muß in mir eine Art Saite haben, wenn ich den Ton einer Saite aufnehmen will. Ich muß eine Art Gong in mir haben, wenn seine Schwingung zu mir dringen soll. Ich muß eine Flöte in mir haben, um eine Flöte zu vernehmen. Ich muß Raum in mir haben, um zu empfinden, was im Raum geschieht. »Wer aus der Wahrheit ist, hört meine Stimme«, sagt Jesus.

Das gilt für alles, was ich empfinde oder denke, was ich erfahre oder erleide. Denn wie zu einem Klang ein Ohr gehört, das ihn vernimmt, so vernimmt das Ohr nur die Klänge, für die es geschaffen ist. Der Mensch braucht für jede Wahrnehmung eine Entsprechung in sich selbst, die ihn befähigt, gerade diese Wahrnehmung zu machen. Er kann nur diejenigen Bereiche der Wirklichkeit kennenlernen, für die er die Resonanzfähigkeit besitzt. Er kommt nur mit den Ideen in Berührung, für die er eine Eigenresonanz mitbringt. Wer nicht für das Schöne empfänglich ist, kann dem Schönen nicht begegnen. Jeder findet in dem anderen Menschen nur so viel Erwähnenswertes, wie ihm selbst zugänglich ist. Jeder findet sich nur in den Situationen, für die er

LUFT

die Fühligkeit hat. Die Umwelt, die wir erfahren oder erleiden, spiegelt nichts weiter als unsere Erlebnisfähigkeit. Im Grunde erleben wir immer und überall nur uns selbst. Feinde, die außen sind, sind nur deshalb außen, weil sie einem Feind entsprechen, der in uns ist. Und wenn uns ein Schicksal trifft, dann kommt es nicht von außen, durch Zufall etwa, sondern weil wir selbst und unser Schicksal aus derselben Hand kommen. Gott hat uns geschaffen und mit uns zugleich unser Schicksal. Wir sind das Bild, das Gott von uns hatte, als er uns schuf, und wir sind zugleich das Schicksal, das er uns zugedacht hat. Beides ist zusammen eine einzige Zeichnung von seiner Hand.

Darum begreift niemand sein Schicksal, der es haßt oder ablehnt. Haß ist immer der Beweis dafür, daß einer das, was er haßt, nicht kennt. Was man kennen will, worauf man angemessen reagieren will, das muß man – ein wenig zumindest – lieben. »Liebe zum Schicksal«, wie die Alten sagten, ist weiser jedenfalls als die Einfalt, mit der wir heute meinen, jedes Schicksal lasse sich mit ein wenig Geschicklichkeit zum »Guten« wenden, und mit der wir, wenn uns Schlimmes widerfährt, in das undurchdringliche Schicksal hineinfragen: Warum trifft das mich? Es trifft mich. Und was mich trifft, ist ein Teil von mir.

Suche ich nach mir selbst, so werde ich mich klar und deutlich finden in der Antwort, die ich meinem Schicksal gebe. Suche ich nach meiner Freiheit, so werde ich sie darin finden, daß ich mein Schicksal frei übernehme. Suche ich Erfüllung, so wird sie mir nur in dem Maß beschieden sein, in dem ich selbst mein Schicksal erfülle. Alles andere sind Träume.

Will ich also in der Welt etwas ändern, so muß die Änderung in mir beginnen. Will ich die Welt besser verstehen, so muß ich das Gespräch mit mir selbst in meiner eigenen Seele verfeinern und erwei-

> LUFT

tern. Will ich eine Störung abwehren, die mich aus der Außenwelt behindert, so werde ich sie nur überwinden, wenn ich sehe, daß es auch eine Störung zwischen meiner Seele und mir selbst ist. Es gibt keinen Zufall, es gibt nur Konstellationen zwischen meiner Seele und mir, zwischen mir und meiner Umwelt. Und dort geschieht nur, was auch in mir geschieht. Es gibt kein blindes Geschehen. Auch der Zufall und das Schicksal sind nur deshalb »blind«, weil wir den Ursachen und Zusammenhängen gegenüber blind sind.

Der Mensch also soll Instrument des Geistes Gottes sein. Inspiration durch den Geist und stellvertretende Darstellung des hörenden und antwortenden Gottes auf dieser Erde, sagt Paulus, sind die Merkmale der Töchter und der Söhne Gottes. Sie sind der Ort eines leisen, wortlosen Gesprächs Gottes mit sich selbst. Der Geist weckt die Töne, die auf dem Instrument unserer Seele erklingen sollen. Gott nimmt sie auf, und es beginnt etwas zu schwingen zwischen Himmel und Erde.
Und so ergibt sich jene Resonanz, die ein Gebet eines Menschen zu Gott sinnvoll macht. Der Prophet Hosea beschreibt sie einmal so:

> Es wird eine Zeit kommen, spricht der Herr,
> da schließe ich für dich einen Bund
> mit den Tieren auf dem Felde
> und mit den Vögeln unter dem Himmel ...
> Zu dieser Zeit will ich erhören.
> Ich will den Himmel erhören,
> der Himmel wird die Erde erhören,
> die aber soll euch Menschen erhören.
> Ich will mein Volk in das Land einsäen

und mich über die Leidenden erbarmen.
Die keine Verbindung zu mir haben,
sollen mich erfahren und sagen:
Du bist unser Gott.

HOSEA 2

Da wendet sich Gott der Erde zu, lebenschaffend, Frieden bewirkend. Die Menschen bitten die Erde um Brot. Die Erde erbittet Regen vom Himmel, der Himmel bittet bei Gott für die Erde um Segen, und alle finden Erhörung.

»Aus der Tiefe rufe ich, Herr, zu dir«, sagt der Psalm. Auf der Erde wird die Klage laut, der Himmel hört sie. Auf der Erde vibriert die Angst und das Leid eines Menschen, der Himmel schwingt mit. Auf der Erde erhebt sich ein Schrei, und der Himmel nimmt ihn auf. Das Elend kann verschlossen sein in der Seele eines Menschen und der Himmel unendlich fern. Die Seele kann ein Ort von Todesangst und Totenstille sein. Aber nun öffnet sie sich, die Klage wacht auf, sie redet, sie ruft, sie schreit: Wenn du Himmel und Erde getrennt hältst, ist kein Leben auf dieser Erde möglich! Nimm auf, was bei uns geschieht und was bei uns klagt! Der echolose Schrei öffnet sich zu einem schwingenden Raum, und der Klagende nimmt die Antwort auf, die Antwort Gottes: Ich höre, ich weiß, ich bin bei dir!

Leben wir aber in einer Welt, in der Ruf und Antwort sind, dann spiegelt sich, was zwischen Himmel und Erde sich abspielt, hier auf dieser Erde, zwischen uns Menschen und der Kreatur. Denn nicht nur der Mensch klagt, sondern die Kreatur insgesamt, wie Paulus sagt, und sie wartet darauf, daß sich im Menschen der Hörende offenbart, der Vernehmende, der ihre Klage aufnimmt. Der Mensch solle Sohn

> LUFT

oder Tochter Gottes sein, das heißt ein Wesen, in dem die Offenheit zwischen Himmel und Erde sich spiegelt, so daß die Klage der Kreatur nicht stumm und verschlossen bleibt, sondern auf der Erde ein Ohr ist und die Klage zwischen Ruf und Antwort zu schwingen beginnt.

Von der Erde erhoben, mit dem Haupt in den Raum des herabgewölbten Himmels reichend und wie von einer großen Kraft getragen, steht Christus über den Menschen, die, ihm zugewandt, rechts und links stehen oder knien. Er steht im »Luftraum« gleichsam, im Raum des Geistes Gottes, und nimmt Abschied von denen, die ihm ihre Hände und Gesichter zuwenden.

Dies aber will das Bild sagen: nicht, daß sich Christus entfernt, sondern daß er eben auf eine andere Weise den Seinen zugewandt bleibt und sie von ihm den Geist empfangen, der Himmel und Erde verbindet. Sie wissen, an wen sie sich wenden. Sie wissen, wer ihnen antwortet, auch aus scheinbar großer Ferne. Und vor allem: Dieser Christus entfernt sich nicht, er bleibt bei ihnen und in ihnen. Er wird in ihnen Wohnung nehmen und ihnen die Kraft weitergeben, die ihn trägt.

LUFT

Schwingungsfelder

Was hier bedacht werden soll, ist so wichtig, daß wir es noch einmal aufnehmen müssen. Wenn es so ist, daß ich nur erkenne, was ich schon in mir trage, wenn mich nur das berührt, wofür ich die Fühligkeit habe, das geistige Organ oder das seelische oder leibliche, dann liegt in diesem »Gesetz der Resonanz« ein Schlüssel für wichtige Grunderkenntnisse. Wenn die Bibel zum Beispiel sagt, ich könne von Gott nur sinnvoll reden, wenn er selbst mir seinen Geist, das heißt das aufnehmende Organ, gegeben habe, dann sehe ich mich in einen Zusammenhang gestellt, der über mein Wollen und Empfinden weit hinausreicht ebenso wie über mein persönliches Schicksal.

»Erkenne dich selbst«, sagt der Apoll von Delphi. Er sagt dem Besucher des Heiligtums, der Auskunft sucht über sein Schicksal: Wenn dir dein Schicksal entgegenkommt, wenn dich die Herausforderung trifft, dann prüfe dich selbst. Du wirst die tiefe Übereinstimmung erkennen, die dich mit deinem Schicksal verbindet. Was dich herausfordert, entspricht dir selbst, der der Herausforderung begegnen soll. Die Zukunft, die auf dich zukommt, kommt auf dich und nicht auf einen anderen zu. Sie meint dich.

Aus dem Gesetz der Resonanz wird so eine Art Gesetz der Spiegelung. Es lautet: In allem, was dir begegnet, triffst du dich selbst an. In allem, was du siehst, begegnest du deinem eigenen Auge, deiner eigenen Sehkraft. In jedem Ton oder Klang findest du dein eigenes Ohr. Alles, was um dich her geschieht, spiegelt dich selbst. Alles, was du förderst, bist du selbst. Alles, was du zerstörst, bist du selbst. Alles, was du bekämpfst, bist du selbst. Du bist, was du liebst, du bist, was du hassen mußt. Du bist, was du schaffst, und alles, was du nicht wahrha-

(LUFT)

ben willst und also aus deinem Bewußtsein verdrängen mußt. Denn die Welt ist eine. Alles in ihr hängt mit allem zusammen. Das Gesetz aber, daß du dich in allem wiederfindest, macht das Grundmuster deines Daseins aus.

Du selbst bist dein Schicksal ebenso wie alles, was dir begegnet, und es ist gut, wenn du nicht nur dein Schicksal annimmst, sondern auch dich selbst. Denn auch du selbst bist nicht dein eigener Urheber. Kräfte und Fähigkeiten hast du dir nicht selbst gegeben. Sie sind Gaben von höherer Hand. Deine Grenzen und Schäden und Gebrechen hast du dir nicht selbst gegeben, sowenig wie deinen Willen und deinen Verstand. Sie sind Gnaden ebenso wie Herausforderungen. Phantasie und Entscheidungsfähigkeit begründen keinen Anspruch. Sie sind nicht dein Werk.

Der Mensch und sein Schicksal sind eine Einheit, gleichsam ein zusammenhängendes Schwingungsfeld, vom Willen und Plan Gottes bewegt. Kräfte, die »zufällig« aufeinandertreffen, treffen einander darum nicht zufällig. Sie sind von vornherein Bewegungen in einem Schwingungsmuster, in dem nur geschieht, was in ihm geschehen kann und soll. Das Rätselvolle an einem schweren Schicksal wird dadurch nicht erhellt. Die Abgründe bleiben, und die Zukunft bleibt so unbekannt, wie sie immer war. Beim Prediger lesen wir:

> Wie du nicht weißt, welchen Weg der Wind nimmt,
> so kannst du auch Gottes Tun nicht wissen,
> der doch alles wirkt.
> Am Morgen säe deinen Samen,
> und laß deine Hand bis zum Abend nicht ruhen,
> denn du weißt nicht, was geraten wird,

ob dies oder das,
oder ob beides miteinander gelingt.
PREDIGER 11,5–6

Und dennoch: Nehmen wir Gottes Tun auf, so beginnt das Dasein auch unter schweren Rätseln zu klingen. Es entsteht etwas wie irdische oder himmlische Musik.

Wie aber deutet das Evangelium das, was wir hier das Schicksal nennen? Wie etwa ging Jesus mit seinem Schicksal um? Wie ging er mit der Einsamkeit um, in der er seinen Auftrag zu erfüllen hatte? Mit der Feindschaft, die ihn umgab? Mit der Vergeblichkeit seiner Bemühungen, mit der Enge, der Härte und Undurchdringlichkeit der Verhältnisse um ihn her? Wie ging er um mit der Trägheit, Stumpfheit, Eifersucht und Machtbesessenheit, angesichts derer ihm nichts blieb als die Selbsthingabe, und angesichts der auch noch fraglich war, ob sein Opfer denn würde verstanden werden können?

Das Seltsame ist, daß Jesus mit diesem seinem unangemessenen Schicksal umgeht wie mit etwas, was ihm vertraut ist. Er kämpft nicht dagegen, er läßt nichts nur über sich ergehen. Er nimmt an, was auf ihn zukommt, und öffnet ihm sein Herz.

Was man seinen »Gehorsam« nennt, ist nicht Gehorsam gegen einen Befehl, sondern Achtsamkeit auf den Augenblick, in dem er herausgefordert ist zu einem bestimmten Wort, einer bestimmten Tat, einem bestimmten Schritt. Er fühlt sich offenbar nicht dem Willen Gottes gegenüber, sondern in ihm, als einen Teil seines Willens. Und in der Stunde, in der für einen Augenblick sein eigener und der Wille des Vaters auseinanderzutreten drohen, spricht er es aus: Wenn es möglich ist, gehe dieser Kelch an mir vorüber, wenn nicht, geschehe dein Wille.

LUFT

Bleiben wir mit Jesus auf dem Weg, so wird aus dem rätselhaften »Es« des Schicksals der »Vater«. Dann öffnet sich uns die Gewißheit, daß alles, was geschieht, zuerst von Gott verantwortet wird und erst dann auch von uns. Daß denen, die mit Gott im Einvernehmen sind, alle Dinge zum Heil dienen. Wir legen also alles in die Hände Gottes. Wir lassen es in seinen Händen. Wir nehmen es aus seinen Händen.

Wir sind dabei nicht mehr die preisgegebenen Opfer unbekannter Mächte, sondern Töchter und Söhne des Vaters, der seine Sonne scheinen läßt über die Bösen und über die Guten und regnen läßt über Gerechte und Ungerechte. Wir sind ihm verwandt, und unser Geschick hat seinen Ausgangspunkt in seinem Herzen.

Am Ende ist die Rühmung das eigentliche Ziel. Als Daniel, der Prophet, in seiner Auseinandersetzung mit der brutalen Macht des babylonischen Königs stand – so ist von ihm erzählt –, sprach er:

> Gelobt sei Gott von Ewigkeit zu Ewigkeit.
> Denn sein sind Weisheit und Kraft.
> Er fügt die Zeiten und die Stunden.
> Er setzt Könige ab und setzt Könige ein.
> Er gibt den Weisen ihre Weisheit
> und den Verständigen ihren Verstand.
> Er offenbart, was tief ist und verborgen,
> und weiß, was im Dunkeln liegt.
> Denn bei ihm ist lauter Licht.
> DANIEL 2

LUFT

Das Ohr des Herzens

Noch einmal: Wenn die Bibel vom Geist redet, dann redet sie nicht von etwas, das höher stünde als Seele oder Leib oder irdische Materie, zu dem also der Mensch sich aufzuschwingen hätte.

Der Geist ist vielmehr die lebendige Kaft in allen Dingen und Wesen. Er »kommt herab«. Er ist nahe. Er schafft unten auf der Erde das Wachstum, das Gedeihen, die Saaten und die Frucht. Er schafft das Leben, die Zukunft. Er hat es überall, wohin er wirkt, mit Verleiblichung zu tun, mit Inkarnation.

Wenn er zu dem Mädchen Maria ins Zimmer tritt in der Gestalt eines Engels, dann geht es nicht um die himmelstürmende Begeisterung des Mädchens, sondern um die Verleiblichung Gottes in ihr. Und gefragt ist das Ohr, das das Wehen des Flügels vernimmt und die lautlose Stimme, mit der Gott sich Raum schafft im Herzen eines hörenden Menschen. Gottes »Geist« ist nicht das »Geistige« an Gott. Es ist vielmehr Gott in seiner erdhaften, menschen- und weltnahen Gestalt. Wo die Bibel ihn schildert, erscheint er darum immer in den Bildern der Erde, der Elemente der Schöpfung. Gottes Geist, so erzählt die Bibel, schwebte über dem Chaos der Uranfänge, und so entstand unsere Erde. Eine geordnete Welt erhob sich aus dem Urmeer. Pflanzen, Tiere und Menschen entstanden, traten ins Leben. Der »Geist« gab ihnen ihre erdhafte Dichte und Gestalt.

Gottes Geist, sagt Jesus, ist wie Luft und Wind. Ungreifbar ist der Wind, ungreifbar der Mensch, der aus dem Geist lebt. Niemand weiß, wohin der Geist ihn treiben wird. Wer von ihm berührt wurde, überläßt sich ihm, läßt sich führen. Er ist »aus dem Geist«. Und die Merkmale des Geistes sind, daß da Gedanken Gottes in unsere Gedan-

› LUFT ‹

ken einströmen, gestaltende Kräfte Gottes in unsere gestaltende Kraft, schöpferische Ideen in unsere Phantasie so, als atmeten wir Gott ein. Der Geist ist die absteigende Kraft, aus der – unten gleichsam – das Lebendige aus der Erde wächst, das Lebendige im Menschen entsteht, das Leibliche, das Faßbare, das Konkrete. Wo der Geist einbricht, geht es erdhaft, handfest, kraftvoll und einfallsreich um das Neue, das Gott auf dieser Erde schaffen will. Der Geist hat nichts mit den »Höhen« zu tun, in denen wir Menschen ihn vermuten. Er ist eine der Erde zugewandte Kraft, die sich inkarnieren will, Leib werden, Erde werden, Fleisch werden, Überzeugung, Tat.

Inspiration dieser Art ist Einatmen des Atems aus Gott. Warum fehlt uns der Mut, Inspiration zu empfangen und sie zu bekennen? Ich meine, wir Christen sollten nicht nur beten: Komm, Schöpfer Geist!, sondern darauf vertrauen, daß er gegenwärtig ist. Wir sollten nicht immer nur von denen reden, die vor Jahrtausenden im Geist Gottes zu uns gesprochen haben, sondern selbst darauf vertrauen, daß er auch uns verliehen ist.

Der Wind, das inspirierende Element, weht, wo er will. Wir nehmen häufig genug an, er wehe, wo einer in der Autorität eines kirchlichen Amtes redet. Warum sagen wir nicht: Geist Gottes ist dort, wo wir glauben, bekennen, reden, handeln? Gilt uns denn nicht allen, was wir glauben?

Als Paulus, der keiner der zwölf Apostel war, sondern ein Nachzügler, keine Autorität, sondern ein umstrittener Außenseiter, Mühe hatte, sich gegen die Autoritäten der jungen Kirche zu behaupten mit dem, was er erkannt hatte, tat er einen Schritt ins Freie, indem er widerstand und sagte: »Ich achte aber, ich habe auch den Geist Gottes.«

LUFT

Ich warte auf die einfachen Menschen in der Kirche, die diesen Mut aufbringen, zu sagen: »Ich achte aber, ich habe auch den Geist Gottes«, und die sich dann bei diesem Wort behaften lassen und dabei bleiben. Ich warte auf die Frauen in der Kirche, die lange genug die Autorität, die stille oder laute Herrschaft der Männer erlitten haben, die lange genug für unfähig erklärt worden sind, priesterlich zu wirken. Die also den Geist Gottes lange genug auf dem Umweg über die Männer entgegenzunehmen hatten und die bis heute ins Angesicht ihrer Oberen sagen: »Ich achte aber, ich habe auch den Geist Gottes.« Denn was meint Jesus, wenn er vom »Geist« spricht? Er sagt:

> Der Wind weht, wo er will,
> und du hörst sein Sausen wohl,
> aber du weißt weder, woher er kommt
> noch wohin er fährt,
> so ist ein jeder, der aus dem Geist geboren ist.
> JOHANNES 3,8

Das Bild redet nicht ganz so sanft, wie es sich im Deutschen anhört. Auf ihrer ersten Seite erzählt die Bibel, ehe Gott das Licht geschaffen habe, habe ein Sturm über den Wassern gebrütet, ein »Gottessturm«, also das Gewaltigste an Sturm, das vorstellbar sei.

Der kosmische Wind, sagt Jesus damit, durchweht den ganzen Erdkreis und stürmt, wohin er gerade will. Es ist der Sturm, der »über den Wassern brütete«. Der schöpferische Wind, aus dem das Leben hervorging. Und wer von ihm erfaßt wird, der hat teil an der schaffenden Kraft Gottes. Er ist »aus dem Geist«.

LUFT

Als der »Tag der Pfingsten« kam, da »geschah schnell ein Brausen vom Himmel wie eines gewaltigen Windes und erfüllte das ganze Haus, in dem sie saßen« (Apostelgeschichte 2,2 ff.). Und sie, die junge Kirche, ging ihren schwierigen Weg von da aus zu den Menschen, zu ihrem entbehrungsreichen Versuch, von diesem Geist Gottes getrieben die Kunde von Christus in der damaligen Welt auszubreiten.

Wenn Johannes auf Patmos sitzt, wie ihn Burgkmair gemalt hat, mit zum Himmel gewendetem Gesicht und mitten im Rauschen des Laubs und aus dem Gezwitscher der »Vögel des Himmels« in den Bäumen ringsum eine Stimme hört, dann hört er mit seinem ganzen Herzen, was die Stimme ihm anvertraut, und die linke Hand, die auf dem Pergament ruht, hält die Stelle frei, auf der die andere schreiben wird, was das Herz gehört hat. Die Feder aber zielt von der Richtung her, aus der das Wort kam, hinunter auf die Erde mit ihrer Gewalt und ihrem Elend, mit Krieg und Hunger und Verfolgung, mit ihrem Streit und Haß, um in die Erde einzuzeichnen, was denn Gottes Wille auf dieser Erde sei.

Der Ort des Geistes ist die Erde, und seine Zeit ist der Augenblick. Da ist nicht die Ruhe der Zeitlosigkeit, da drängt die Zeit, da eilt sie, da läuft sie vorbei, und ich spüre ihren raschen Atem. Der Augenblick ist der plötzlich offene Raum, in dem geschehen kann, was jetzt nötig ist und später nie mehr nachzuholen. Im Augenblick ereignet sich der Einfall. Wie ein Vogelschwarm in eine Waldlichtung oder auf das offene Wasser eines Sees ein-fällt, so kommt der Einfall in die Offenheit des Augenblicks. Meister Eckehardt sagt:

Immer ist die wichtigste Stunde die gegenwärtige.
Immer ist der wichtigste Mensch der,
der dir jetzt gegenübersteht.
Immer ist die wichtigste Tat die der Liebe.

Wo also der Geist Gottes weht, da muß etwas geschehen, durch das Menschen leben können, die sonst am Leben scheitern würden. Da müssen Menschen etwas von Gott wahrnehmen, die ihm sonst nicht begegnen könnten. Das müssen sie mit Hoffnung in die Zukunft sehen können. Da muß ihnen Recht widerfahren. Da sind sie Menschen mit eigener Würde. Da rückt der Glaube handfest in das soziale Geflecht ein oder in wirtschaftliche Interessen oder in die politische Macht, und die täglichen Aufgaben werden zu einem Material, das ich einsetzen soll dafür, daß auf dieser Erde der Wille Gottes geschieht. Wer der Kirche untersagen will, politisch zu wirken, der untersagt ihr, sich mit Menschen zu befassen. Und wer meint, der christliche Glaube habe im Netzwerk politischer oder wirtschaftlicher Auseinandersetzungen keinen Ort und sein Wort keinen Raum, der ist dem Jesus noch nicht begegnet, der in den Menschen, in den ausgebeuteten, den bedrohten, den vertriebenen, gequälten und gefangenen, den kranken, verlassenen und hungernden, den geringsten Brüdern und Schwestern gegenwärtig ist, dem ich überall begegne, wohin ich schaue.

Das Reich Gottes und seine Gerechtigkeit freilich besteht nie auf Dauer unter uns Menschen. Es ist gebunden an den Augenblick, in dem die Liebe gelingt. Betrachte ich das Gestern, so war noch nie Friede, noch nie Gerechtigkeit. Betrachte ich das Morgen, so wird bis zum Ende der Menschengeschichte keine Zeit kommen, in der auf dieser Erde Frieden und Gerechtigkeit herrschen werden. Aber für den

LUFT

Augenblick meines Versuchs, für den Augenblick der Gnade sind sie Wirklichkeit.

Das ist uns zugedacht: Instrumente des Geistes Gottes zu sein. Wer aber in der Schwingung lebt zwischen Himmel und Erde, der wird sich Träumen öffnen und Hoffnungen, Zukunftsbildern und allen Offenbarungen, die zwischen Himmel und Erde geschehen. Dürften wir so nicht träumen, so hätte auf dieser Erde kein Fest irgendeinen Ort oder Sinn.

Wenn wir ein Fest feiern, dann feiern wir das Leben, das Gott uns gab. Das Fest sagt: Du hast Leben vor dir, unendliche Lebendigkeit. Das Fest ist Ausdruck der Freude darüber, daß da Raum ist in unserem kleinen Leben für den Atem, aus dem die Welt hervorging. Und eines Tages, so sagt das Fest, wirst du anhalten, einatmen, durchatmen. Du wirst frei im Wind Gottes stehen, erfüllt mit seinem Atem, und wirst erst recht noch einmal anfangen zu leben.

Wasser

Wie kostbar ist deine Güte, Herr!
Zu dir kommen die Menschenkinder
und finden Schutz im Schatten deiner Flügel.
Sie werden satt von den reichen Gütern deines Hauses,
und du tränkst sie mit Wonne wie mit einem Strom.
Denn bei dir ist die Quelle des Lebens,
und in deinem Lichte sehen wir das Licht.
Psalm 36,8–10

Der Herr ist mein Hirte,
mir wird nichts mangeln.
Er weidet mich auf einer grünen Aue
und führet mich zum frischen Wasser.
Psalm 23,1–2

Du suchst das Land heim und gibst ihm Wasser.
Du machst es sehr reich.
Gottes Brunnen hat Wasser in Fülle.
Psalm 65,10

Alle meine Quellen sind in dir, Gott!
Psalm 87,7

Ich habe Wasser für dich, sagt Jesus.
Das wird in dir zu einer Quelle,
aus der dir ewiges Leben zufließt.
Johannes 4,14

WASSER

Strom und Meer

Sommernacht in den schwedischen Wäldern. Zwischen den Hügeln ein abgeschiedener See. Ich sitze am Ufer, während das blasse Licht der Sonne die Stunden begleitet, vom Abend an über die Mitternacht bis in den Morgen. Kein Wind, kein Geräusch, Stille und verborgene Lebendigkeit. Spiegelungen des Himmels und der Bäume, ein paar verwehte Schleier morgendlichen Nebels. Zauber der Veränderungen des Lichts und der Farbe von der sanften Nachthelle an, bis die Sonne ihr Farbenspiel beginnt und bis in den hellen Tag. Warum sitze ich hier eine ganze Nacht? Warum fasziniert mich, was da in diesem Wasser und über ihm geschieht? Vielleicht, weil ich empfinde, daß ich nahe meinem Ursprung bin, meiner Herkunft aus einer dunklen, unbekannten Tiefe, die doch nichts von Gefährlichkeit hat, nichts Ängstigendes, sondern die Nähe und Vertrautheit eines freundlichen Geheimnisses. Vielleicht auch, weil in mir selbst ein »See« ist wie dieser. Und weil auch für mich selbst nicht wichtig ist, daß ich alles weiß, was auf seinem Grund lebt, sondern dies vor allem, daß Licht über ihm liegt. Am Anfang, sagt die Bibel, war der Geist über den Wassern. Und ich empfinde, daß er mich anspricht, daß er das Element Wasser gleichsam in meiner Seele meint, das Wandlungsfähige, damit eine neue Kreatur entsteht – »aus dem Wasser und dem Geist«.

Einige Jahre lang verbrachten wir, die Familie, unsere Ferien am Meer, in einer nahe am Strand gelegenen Hütte. Wenn morgens der Wind von der Landseite kam und das Wasser stillag, fuhr ich mit dem Faltboot hinaus. Eine halbe Stunde weit oder eine ganze. Draußen

Wasser

legte ich die Paddel ins Boot und ließ es treiben. Kein Laut, vielleicht dann und wann das ferne Tuckern eines Fischerboots. Nur Wasser. Das Land verschwamm in einem fernen Dunststreifen, das Wasser aber war das tragende Element, die lebendige Kraft, mit der ich mich, alte Worte der Bibel über das Wasser sprechend, verbinden konnte.

Aber das Meer hat auch das andere Gesicht: Brandung, Dünung, Gischt. Wenn ich meine Kraft einsetze, trägt es mich auch im Sturm. Es fordert meine Energie und gibt sie mir wieder. Wenn ich mich aber treiben lasse, wenn ich träume, schwimmend, merke ich, daß das Meer strömt. Vielleicht trägt es mich hinaus, weg von den Klippen, und plötzlich wird aus der ruhigen Sicherheit tödliche Gefahr, Kampf ums Überleben. Wenn ich wieder am Ufer stehe, wird es wieder vertraut sein: das gewaltige, mir selbst tief verwandte Element.

Ich steuere den Fluß hinauf zwischen den Uferrändern. Die Strömung geht gegen mich, Widerstand, den ich überwinden muß, um voranzukommen. Kraft, die mich mitnimmt, wenn ich ihr nichts entgegensetze. Da aber meine Kraft begrenzt ist, wird die Kraft der Strömung auf die Dauer der meinen überlegen sein. Aber was ist ein Fluß? Ist er das in die Erde eingeschnittene Flußbett, durch das immer wieder neues Wasser fließt? Ist er das Wasser, das sich im Lauf der Jahrtausende einmal hier, einmal dort sein Bett schafft? »Niemals steigst du zweimal in denselben Fluß«, sagt Heraklit. Die Weisen des Ostens sagen das gleiche: Wer zweimal in denselben Fluß steigt, steigt nicht mehr in denselben Fluß. Was eigentlich bleibt sich gleich?

Hochwasser. Der Fluß tritt über die Ufer, überdeckt die Felder, die Wiesen. Bäume, die sonst auf der Erde stehen, stehen über ihrem eigenen Spiegelbild, als betrachteten sie sich selbst. Das Wasser als

WASSER

Spiegel der Seele – vielleicht hilft es mir, mehr Klarheit zu gewinnen über das, was im Grund meiner eigenen Seele lebt.

Strömende Wassermassen. Wirbel am Ufer. Wirbel zwischen den Steinen. Wirbel bilden sich, wo Wasser gehindert wird, seinem Wunsch nach Tiefe geradlinig zu folgen, wo zusammenfließende Wasser einander behindern, wo langsame und schnelle Ströme aneinander vorbeidrängen. Überall, wo Leben ist, wo neues Leben entsteht, bilden sich Wirbel. So wächst das Blatt aus der Knospe ins Freie. Die Innenseite wächst schneller als die Außenseite, so entrollt sich das kleine Blatt und findet seine Gestalt. Warum fürchte ich mich vor den Wirbelbildungen in mir selbst?

Über mir ziehen die Wolken, Fetzen des ungeheuren Himmelsozeans, der aus den Meeren verdunstet, in die Höhe gerissen und zu Wolken verdichtet am Ende wieder herabregnet oder herabschneit. Auf den Wegen der Wärmezirkulation zwischen Pol und Äquator strömen und kreisen die Wassermassen; Winde und Stürme treiben sie in Wirbeln gegeneinander, bis das Wasser wieder seinen Weg auf die Erde findet. Die Wirbel sind die Kraft, mit der das Wasser verteilt wird, damit auf der Erde Wachstum ist.

> Das große Meer
> treibt mich bald hierhin, bald dorthin.
> Es wiegt mich, wie sich die Wasserpflanzen
> in einem großen Fluß wiegen.
> Die Erde und der hohe Himmel bewegen mich,
> haben mich fortgetragen
> und erfüllen mein Inneres mit Freude.
> INDIANISCHES GEDICHT

Wasser

Wenn ich über einen Acker gehe, der mir trocken zu sein scheint, so gehe ich doch auf einer Welt von Wasser. Jedes tiefer liegende Erdkrümelchen trägt eine Art Wasserhaut. Die Milliarden kleiner Lebewesen in der Krume bestehen fast nur aus Wasser. Stiege ich hinab zu den Tonschichten, dem Gestein, den Schieferschichten, so befände ich mich in einer von Wasser triefenden Unterwelt, bis ich endlich im Grundwasser stünde, in den unterirdischen Seen und Flußläufen, in denen sich Wasservorräte unvorstellbaren Ausmaßes befinden.

Aus der Tiefe kommt der Brunnen, Tag und Nacht den Reichtum der Tiefe herausgebend in der Sprache des Wassers, im Rauschen und Glucksen und Plätschern und Gurgeln. Und ich schöpfe das Unerschöpfliche, das Geheimnis des Lebendigen. Im Gefäß gebe ich dem Formlosen eine Form und werde zum »Schöpfer«.

Berge umgeben mich, und sie alle haben vom Wasser ihre Gestalt. Denn das Wasser schwemmt und sägt, hobelt und schleift. Es netzt sanft als Tau, prasselt als Hagel, schlägt als Lawine ins Tal, frißt das Land an Ufern und Küsten, unterhöhlt die Erde, kerbt das Profil der Felsen. Sickert ein in den Untergrund, poliert riesige Hohlräume aus, tropft von den Decken und verzaubert die nächtliche Unterwelt zu Palästen von Feen und Trollen, und eines Tages wird die Erde in die Tiefe nachstürzen oder nachgleiten.

Ich stapfe durch den Schnee, die Zauberwelt der Kristalle. Wasser in luftig leichter Gestalt, zart und behutsam die Wärme bewahrend, die die Erde hat und die sie braucht über die Zeit des Frosts. Eine Schlafdecke für Pflanzen und Tiere liegt ausgebreitet und hält Samenkörner und Fruchtknoten und das kleine Getier der Erde am Leben. Die Erde aber ruft unter dem Schnee heimlich die Feuchtigkeit ab, die

sie braucht. Und vielleicht empfinden wir, es sei etwas in uns, das ebenso fällt, so liegt, so schmilzt, auftaut und wieder in die Erde rinnt, aufsteigend, im Wind treibend, fallend und sich wieder lösend, einschmelzend in die Wasser unter der Erde.

Abend. Das Wasser wird hell. Eingefaßt in Berg und Ufer spiegelt sich das letzte Licht. Es braucht nichts zu geschehen. Zeit des Ruhens. Wenn es Abend wird, wird die Welt unendlich. Ist nun Gott, zu dem ich rede, oben oder unten? Ist der Himmel sein Ort? Ist es die Erde? Ist er außen oder innen? Über dem Land oder in der Seele? Wer kann so fragen? Ich höre Mörike:

> Gelassen stieg die Nacht ans Land,
> lehnt träumend an der Berge Wand,
> ihr Auge sieht die goldene Schale nun
> der Zeit in beiden Schalen stille ruhn ...

Die Zeit steht still, für Augenblicke, und die Waage des Daseins schwingt sich ein.

> Nach großen Dingen steht mein Verlangen nicht,
> nach Dingen, die mir zu hoch.
> Schweigen lehrte ich meine Seele,
> und ich habe Frieden in mir.
> Wie ein Kind auf dem Schoß der Mutter,
> wie ein Kind, so ruht meine Seele in mir.
> PSALM 131, 1–2

Wasser

Ich entdecke das Heilende. Den Moorsee oder die Schwefelquelle, Wasser, abgestimmt auf meinen Körper und das, was er im Augenblick braucht. Das Element, wunderbar verbunden mit dem Leben in mir: Urflut und Meer, See und Fluß, Quelle und Tau. Mein Dasein begann im Wasser des Leibes meiner Mutter, und solange ich lebe, gibt das Wasser mir eine seltsame Geborgenheit.

Wer, umstarrt von trockenem Fels und Gestein, durch das Wadi Kilt, die glühende Wüstenschlucht wandert, die von der Höhe von Jerusalem hinab in die Tiefebene von Jericho führt, hört plötzlich, nach Stunden des Abstiegs, ein Rauschen. Wasser stürzt aus der Felswand, frisches, klares Wasser. Die Wüste wandelt sich von einem Augenblick zum andern in einen kleinen Garten. Die Quelle Ein Kilt fließt so seit unvordenklichen Zeiten, verläßliche Oase für Mensch und Tier schon in der Zeit, als Abraham hier wanderte. Wenn die Felsen ringsum die Hitze der Sonne ausstrahlen, dann bricht doch das Wasser unermüdlich aus der Wand, Lebenszeichen mitten in der tödlichen Einsamkeit.

Als ich einmal mit einem Beduinenkind und seinen Ziegen in einem staubtrockenen Wadi unterwegs war, einem zehnjährigen Mädchen, da bedeutete sie mir in Zeichensprache, sie müsse nun ihren Ziegen Wasser geben. Ich sah mich um, sah nichts als Sand und trockenes Gestein und deutete mit einer Handbewegung an, ich sähe keine Chance, hier Wasser zu finden. Da ging sie ein wenig hin und her, witternd wie ein Tier, blieb irgendwo stehen, nahm eine Schüssel und eine Blechbüchse aus ihrem Schultertuch, kniete auf die Erde und fing an, ein Loch in den Sand zu graben. Als sie dreißig Zentimeter tief war, sammelte sich Wasser darin, und sie füllte die Schüssel. Die Ziegen kamen ohne Eile von allen Seiten an; sie hatten das Wasser längst gerochen. Es war, als wäre alles selbstverständlich.

WASSER

Gestaltwandel des Elements

Dieses Element geht seinen Weg durch unendliche Wandlungen. Ich höre, wie es mir seine Geschichte erzählt: Ich bin einmal Meer, einmal See oder Fluß, einmal Wolke, dann Tau, dann Regen. Ich habe keine bleibende Gestalt. Wenn du sein willst wie ich, dann überlasse dich den Veränderungen, die mit dir geschehen. Laß deine Gestalt untergehen. Stelle dir vor, du seiest See oder Fluß oder Meer, Regen, Nebel, Eis, Schnee und wieder tauendes, rinnendes Wasser. Sei Quelle, sei Saft im Baum, Feuchtigkeit im Grund der Erde.

Du sagst, das könnest du nicht? Irrtum. Du mußt es sogar können. Du kannst nicht bleiben, was du bist, wie du bist. Jeder Tag fordert dich anders. Geh mit in dem großen Spiel der Wandlungen. Werde zur Wolke, reise frei über das Land, und dann regne herab, werde zur Pfütze in der Furche irgendeines Ackers. Laß dich reinigen unter den Wurzeln, komm wieder ans Licht, fließe, ruhe und steige wieder auf. Wenn du dein Leben erhalten willst, wirst du es verlieren. Nur wenn du es preisgibst, wie es gestern war, findest du heute das Leben.

Das Wasser sagt mir: Halte dich nicht für so schrecklich wichtig. Du bist es nicht. Wichtig ist etwas anderes. Ich, das Wasser, gehe durch meine hundert Gestalten, unablässig mich selbst verlierend, damit das Leben auf dieser Erde durch die unübersehbar lebendige Fülle seiner Gestalten gehen kann. Ich ströme durch die Adern der Pflanzen, damit das Blatt und die Frucht ihre Gestalt finden. Ich fließe durch die Körper der Tiere und auch deinen eigenen, damit da Lebendigkeit, Kraft, Wille, Empfindung, Geist sei. Ich selbst bin nichts. Alles gestaltet sich durch mich. Ich selbst habe keine Gestalt.

Wasser

Wir sehen im Wasser etwas wie das Urbild alles Lebendigen. Aber Leben ist eigentlich anders als das Wasser. Leben heißt wachsen. Das Wasser aber wächst nicht. Leben heißt sich fortpflanzen. Das Wasser aber kennt keinen Wechsel der Generationen. Leben heißt den eigenen Rhythmus finden und durchhalten. Aber dem Wasser wird immer und überall der Rhythmus fremden Lebens vorgeschrieben. Und doch ist kein Leben möglich ohne das Wasser. Indem das Wasser kein eigenes Leben beansprucht, ist es die Urkraft alles Lebendigen.

Das Wasser hat kein eigenes Licht. Der Himmel über ihm gibt ihm seine Farbe, die Sonne spiegelt sich in ihm, der Baum an seinem Ufer. Seine Farbe empfängt das Wasser immer von anderen Dingen oder Wesen dieser Erde.

Während ich so nachdenke, fällt mir ein, daß von jenem Christus, der das Bild des Menschen erneuert hat, ihm seine ursprüngliche Gestalt wiedergab, gesagt wird, er selbst habe keine Gestalt gehabt und keine Schönheit.

Ich bin also nicht wichtig. Ich muß finden, was es denn wert wäre, daß ich mich ihm hingäbe. Ich habe nicht die Wahl, mich zu behaupten oder mich hinzugeben, sondern nur die, von etwas aufgelöst zu werden, das es wert, oder von etwas, das es nicht wert ist. Immer ist etwas, was größer ist als ich. Ich soll, wie das Wasser kreist zwischen See und Wolke und Regen und Quelle und Fluß und See, um ein Größeres kreisen: um die Sorge für das Leben um mich her, um die Sorge für die Wahrheit oder die Gerechtigkeit oder für das gemeinsame Wohl der Menschen und der Kreatur.

Das Wasser sagt mir: Wenn dir daran liegt, nicht zu vertrocknen, zu erstarren oder zu verkümmern, sondern einer immer wieder neuen Gestalt entgegenzureifen, dann achte darauf, daß du nicht deine eigene Gestalt meinst, sondern eine Gestalt des Daseins, die außerhalb deiner wächst und gedeiht und in die du dich eingibst. Durch das Wasser findet alles seine Gestalt, und zwar dadurch, daß es selbst von Gestalt zu Gestalt geht, um jede wieder aufzugeben. Indem es sich wandelt, bewirkt es das Bleibende. Ich aber bin beides – das Wasser und die Gestalt, die es schafft.

Aber gerade, wenn ich dies höre, kann die Erfahrung des Wassers auch der Anfang der Angst sein. Es sagt: Nichts bleibt. Alles läuft im Kreis. Kein Ziel kann erreicht werden, es ist alles immer nur der Anfang für eine unendliche Wiederholung des Gleichen.

> Dies sind die Reden des Predigers,
> des Sohnes Davids, des Königs zu Jerusalem:
> Es ist alles ganz eitel, sprach der Prediger.
> Es ist alles ganz eitel.
> Was hat der Mensch für Gewinn von all seiner Mühe,
> die er hat unter der Sonne?
> Ein Geschlecht geht, das andere kommt,
> die Erde aber bleibt immer bestehen ...
> Alle Wasser laufen ins Meer,
> und das Meer wird doch nicht voller.
> An den Ort, dahin sie fließen,
> fließen sie immer wieder ...
> Was geschehen ist, das wird auch hernach sein.
> Was man getan hat, eben das tut man hernach wieder,
> und es geschieht nichts Neues unter der Sonne.

Wasser

Geschieht etwas, von dem man sagen könnte:
Sieh! Das ist neu!?
Es ist längst vorher auch geschehen
in den Zeiten, die vor uns gewesen sind.
PREDIGER 1,1–11

Das Wasser ist auch der kosmische Schlund, der alles verschlingt. Gierig. Unersättlich. Es ist das Tor zur Welt der Toten. »Hölle und Abgrund«, sagt der Weise der Bibel, »werden nimmer voll.« Wir Menschen aber, die wir nicht fliegen können, uns nicht aufwärts schwingen, sind zum Fallen bestimmt. Das Wasser ist uns verwandter als die Luft und verwandter dem Lauf unseres Schicksals.

Die Zone der Lufthülle, in der das Wetter sich abspielt, so sagte ich, als von der Luft die Rede war, nennen wir die »Troposphäre«, das heißt die Sphäre der Wandlungen. Sie reicht aber so weit, wie das Element Wasser in der Luft sichtbare Gestalt annimmt – als Tau und Regen, als Schnee und Wolke, als Nebel und Gewitter. Wo das Leben des Menschen aber vom Wasser und seiner Symbolkraft bestimmt ist, da ist es dem Gesetz der Wandlungen unterworfen, da ist das Dasein selbst »Troposphäre«.

Betrachte ich das Element »Wasser«, so könnte ich von einem Gesetz der Wandlungen sprechen. Was bedeutet das? Zunächst das Einfache und Selbstverständliche: Nichts bleibt, wie es war und was es war. Alles wandelt sich, und zwar deshalb, weil das, was sich wandelt, nur durch die Wandlung hindurch die Chance hat, seine Identität zu bewahren. Du steigst nicht zweimal in denselben Fluß – und doch bewahrt der Fluß durch die Jahrtausende hin seine Identität.

Dabei steht mir ein wunderbares Spiel vor Augen, das ich von irgendeinem Felsen am Meer aus immer wieder fasziniert beobachtet habe: Das Meer wirft seine Wellen gegen den Strand, unermüdlich, immer neu, Tag und Nacht. Aber am Strand staut sich kein Wasser. Der Wasserspiegel steigt nicht, und zwar deshalb nicht, weil das Wasser sich bei aller drängenden Eile seiner Wellen kaum von der Stelle bewegt. Beobachte ich in der Dünung ein schwimmendes Holz, so sehe ich, daß es sich nur auf und ab bewegt, allenfalls in einer ovalen Kreisform. Rasende Bewegung und große Ruhe rücken ineinander und es entsteht das Bild einer Welle.

Aber was ist Wandlung? Wandlung kann Wachstum sein, Wachstum von einem Zustand in den nächsten, vom Engeren zum Weiteren, vom Kleineren zum Größeren. Ohne Wandlung seiner Gestalt wächst nichts. Wandlung kann Wiederherstellung des Ursprünglichen sein, Heilung nach seiner Störung oder Zerstörung. Wandlung kann darin bestehen, daß sich eine verborgene Zielgestalt allmählich und zunehmend offenbart, von einer Phase der Reifung zur nächsten. So redet die Bibel von einer Neuschöpfung des schon Geschaffenen, von Befreiung des Gebundenen und Verfestigten, von der Änderung der Richtung, die einer geht, von einer Erneuerung des müde und alt Gewordenen, von einer Neugeburt des schon dem Tode Verfallenen. Wenn sie aber von der Zielgestalt des zur Wandlung berufenen Menschen spricht, dann redet sie von der Entstehung des Christus und von der Wiederherstellung des Bildes Gottes in ihm.

Es ist begreiflich, daß die Zumutung, ich solle eine Wandlung an mir geschehen lassen, Angst auslöst. Ich soll ja auf die Wahrung meiner Ichgrenzen achten und darauf bedacht sein, daß sie sich nicht auflösen. Ich soll ja der sein, der ich bin. Ich muß aber auch sehen, daß ein gut Teil der Leiden, die einen Menschen durch sein Leben hin begleiten, aus eben der Angst besteht und aus der angestrengten Abwehr gegen das Geschehen einer notwendigen und am Ende segensreichen Wandlung seines äußeren oder inneren Menschen. Wenn Hölderlin das Schicksal des Menschen mit den Worten beklagt:

> Es schwinden, es fallen die leidenden Menschen
> wie Wasser von Klippe zu Klippe geworfen,
> jahrlang ins Ungewisse hinab,

so müßte doch die Klage sich wandeln in die Einwilligung, mitzuschwinden, mitzufallen, mitzufließen – in dem Vertrauen, daß am Ende nicht das Nichts ist, sondern das Meer.

Die Taufe ist das sakrale Bild für die Wandlung des sterbenden Menschen in den auferstehenden, jene letzte Wandlung, die wohl die Gestalt des Daseins verändert, nicht aber die Person des Menschen auslöscht. Darum sprechen wir in der Taufe einem Kind seinen Namen zu: das Zeichen der durch Leben und Tod und Auferstehung hindurch bleibenden Identität.

Wasser und Geist

Eines der stärksten Bilder, die die Taufe Jesu im Jordan darstellen, ist das Blatt aus dem Evangelienbuch der Äbtissin Hitda aus dem 11. Jahrhundert, und es ist eines der deutlichsten.

Im fließenden Wasser des Jordans steht Jesus mit offenen, empfangenden Händen, während sich um ihn her Fische bewegen und der »Jordan« wie ein Flußgott auf dem Grund liegt. Links neigt sich der Täufer Johannes zu ihm hin und legt ihm die Hand segnend aufs Haupt. Aber merkwürdig: Dieser Johannes steht nicht auf dem Ufer und nicht im Wasser, er steht auf ihm, und das Wasser trägt. Dort, wo Jesus steht, wölbt sich das Wasser nach oben, als wolle es dem Himmel näher kommen, und der Himmel neigt sich in breitem Bogen herab mit der ganzen Fülle seiner Sterne. Fast scheint es, als wollten Himmel und Erde sich küssen. Wo aber Jesus steht, fährt eine weiße Taube herab und schafft die Verbindung zwischen oben und unten.

Im strömenden Wasser, im Gefäß der Wandlung sozusagen, geschieht die Neugeburt des Getauften. Er ist von da an nicht mehr nur das Kind der Erde, sondern auch die Tochter, der Sohn des Himmels. Und als dieser von oben her bestimmte Mensch nimmt er das Wasser und die Erde an. Indem er sich in dieses von steten Wandlungen unsicher gemachte Leben begibt und bereit ist, sich ihm auszusetzen, wird er empfänglich für den Geist. Den Geist empfangen heißt absteigen, tief in das Schicksal eines Menschen dieser Erde. Je tiefer ich steige, desto näher kommt mir der Geist und desto genauer weiß ich, daß ich von oben her bei meinem Namen genannt bin. Den Geist empfängt gleichsam, wer die Nässe nicht fürchtet. Denn dieses Wasser verschlingt nicht. Jesus steht still und gelassen in ihm, und der

Himmel ist nahe: ein Mensch mit menschlichem Geschick mitten im Element der Wandlung, Sohn und Botschafter Gottes zugleich, von seinem Geist erfüllt.

Die Quellen der Weisheit

Alle Geheimnisse des Lebens, ob sie vordergründig oder verborgen sind, zusammensehen zu können ist für die Bibel das Zeichen der Weisheit. Die Weisheit aber ist für sie eine Art weibliches Wesen, vergleichbar der Klarheit, der Helligkeit und Beweglichkeit des Wassers einer Quelle. Die »Weisheit Salomos« sagt von ihr:

> In der Weisheit, der Meisterin aller Dinge,
> ist ein Geist, gedankenvoll, heilig,
> mannigfaltig, zart, beweglich,
> durchdringend, rein und klar ...
> Wohltätig und menschenfreundlich, fest,
> selbstgewiß und sorglos, alles vermögend,
> alle Geister durchdringend,
> die denkenden, reinen und zarten.

Diese Weisheit selbst aber, dieses schöpferische, quellfrische und phantasievoll-fröhliche Wesen, das in allen Gestalten der Schöpfung am Werk ist, sagt von sich:

> Der Herr war schon bei mir am Anfang seiner Wege,
> ehe er etwas schuf, von Anbeginn her ...
> Als die Meere noch nicht waren, ward ich geboren,
> als die Quellen noch nicht waren, die von Wasser fließen ...

Als er die Himmel bereitete, war ich da,
als er den Bogen zog über den Fluten,
als er die Wolken mächtig machte
und stark machte die Quellen der Tiefe.
Als er dem Meer seine Grenzen setzte und den Wassern,
daß sie nicht überschreiten sollten seinen Befehl,
da war ich, sein Liebling, bei ihm.
Ich war seine Lust täglich und spielte vor ihm alle Zeit.
Ich spielte auf seinem Erdkreis
und hatte meine Lust an den Menschenkindern.
Sprüche 8,22–31

Was da wie ein Spiel aussieht, hat seinen Zusammenhang in all den Dichtungen und Bildreden, in denen von der Quelle gesprochen wird als dem Ursprung alles Lebendigen. Und so »urspringen« auch wir selbst, nach Worten Jakob Böhmes, »aus dem Quellgrund des grundlosen Gottes«. So beginnt aller Glaube in einem Ursprung, einem mit dem Verstande nicht wirklich faßbaren Sprung über die vordergründigen Dinge hinaus.

In der Osterzeit spielten für unsere Vorfahren die Quellen ihre geheimnisvolle, lebendige Rolle. Wenn das Schmelzwasser die Klüfte in den Bergen füllte, wenn die Bäche und die Quellen anschwollen und lebhafter als sonst murmelten, rauschten, plauderten, dann gingen die Frauen und Mädchen aus den Dörfern hinaus zu einer Quelle oder einem Brunnen, am Ostermorgen vor Tag, zu der Stunde, zu der nach dem Evangelium die Frauen an das Grab gegangen waren, um Jesus zu salben, und zu der ihnen der lebendige Christus begegnet war. Sie

| WASSER |

durften auf dem ganzen Weg nicht sprechen. Wenn aber die Sonne aufging, dann tranken sie von dem frischen Wasser und füllten ihren Krug für die Daheimgebliebenen. Sie brachten Frühlingsblumen mit, legten sie in die Quelle, wuschen die Augen mit dem Wasser und hofften, auf diese Weise wie das Wasser jung und schön zu bleiben. In ihren Krügen brachten sie das Osterwasser nach Hause und gaben es den Kindern, den Alten und den Tieren zu trinken als eine lebendige Kraft, die vor Leid und Krankheit schützen sollte. Sie feierten das Zeichen, daß da neues Leben quellfrisch aus der Erde kam, klar und rein und in grenzenloser Fülle.

Was das Wasser ist, erfahren wir am deutlichsten, wenn wir in ihm sind, uns von ihm umströmen und tragen lassen. Von innen also. Und wir finden seine Kraft in uns selbst am ehesten, wenn wir anfangen, mit dem Herzen zu denken.

Wer mit dem Herzen denkt, der braucht nicht nach einem Werk auszuschauen, das den Anschein ewiger Dauer oder Gültigkeit vorspiegelt. Er braucht nicht festzuhalten, was er erreicht hat, was er hat oder was er ist. Er weiß sich eingebettet in einen Strom des Werdens, der ihn trägt und in dem er andere tragen kann. Er weiß, daß Liebe weder Besitz noch schützende Mauer ist, sondern selbst ein Strom. Er empfängt Liebe, gibt sie zurück und empfängt sie wieder in veränderter Gestalt.

Wer mit dem Herzen denkt, der vertraut darauf, daß die Quelle aus Gott, das Element der Wandlung, der Erneuerung, der Reinigung und Heilung, der schöpferischen Kraft in jedem Menschen, ja in jedem Wesen strömt. Der vertraut, daß der Zustand der Dürre und der Armut nicht dauern wird. Er vertraut sich selbst dem Strom an, der einmal versickert und ein andermal wiederkehrt, belebend, erfrischend und fruchtbar. Solange das Leben währt, fließt auch das Wasser und bringt das Verlorene zurück.

Wer mit dem Herzen denkt, weiß, daß auch andere Menschen ein Herz haben, das leidensfähig ist, fähig der Freude und des Entbehrens, ein Herz, das sich ängstet vor dem Leben und dem Tod und das wenig oder viel Kraft hat, zu lieben und der Angst zu widerstehen. Er weiß, daß er eingebettet ist in eine leidensfähige und der Liebe bedürftige Schöpfung. Er weiß, daß wir den anderen nicht nur Worte schuldig sind, nicht nur Erklärungen, nicht Theorien und Gedanken, sondern auch Zeichen, leibliche, sinnliche. Vor allem das Zeichen, daß wir neben ihnen sind, wenn sie irre werden an ihrer eigenen Gestalt. Was er sagt, weiß er eher entbehrlich als das, was an Mitleiden des Herzens bis zum Herzen dringt.

Wer mit dem Herzen denkt, zu dem redet die Kreatur, auch die, die wir stumm nennen, und er wird mitfühlen mit allen Geschöpfen, die zwischen Tod und Leben ihre vergängliche Gestalt finden und sich nach Erlösung sehnen.

Er empfindet die ungeheure Lebendigkeit, die uns Menschen aus den Kräften des Wassers zufließt. Es ist ja nicht zufällig, daß die Ströme heilig waren für die Menschen der alten Welt, daß Brunnen und Quellen ihnen Zugänge zu sein schienen zu den Gottheiten der Erde. Wir halten es für einen Fortschritt, daß sie es uns heute nicht mehr sind, daß sie uns nur noch Orte sind, an denen wir Wasser entnehmen, um es verschmutzt den Flüssen zurückzugeben. Um so härter aber empfinden wir heute die Gefahr, die dem Wasser droht: daß es die Kraft verlieren könnte, sich zu reinigen, und daß so das Leben der Erde erstickte.

Am Ende aber wird, wer die vielen Gestalten des Wassers gelernt hat mit sich selbst in Verbindung zu bringen, verstehen, was die Alten sagen:

Mensch, in dem Ursprung ist das Wasser rein und klar.
Trinkst du nicht aus dem Quell, so stehst du in Gefahr.
ANGELUS SILESIUS

Wohl den Menschen, die in dir ihre Kraft finden,
sie wandern durch das dürre Tal,
das Todestal in der Wüste,
und es wird ihnen zum Quellgrund.
PSALM 84,6–7

Alle meine Quellen sind in dir, Gott.
PSALM 87,7

Neue Geburt

Auf den Altartafeln des »Meisters der Goldenen Tafel aus Lüneburg« findet sich ein Bild, das ähnlich wie das Taufbild der Hitda von der Wandlung aus dem Wasser und dem Geist spricht.

Am Abend des Abschieds sind die Jünger versammelt. Jesus hat sich eine helle Schürze umgebunden und eine Schüssel mit Wasser vor die Bank gestellt, auf der Petrus sitzt, und schickt sich eben an, auf der Erde kniend, ihm die Füße zu waschen. Petrus wehrt sich zunächst. Er will nicht, daß der Meister sich geringer macht als sein Schüler. Aber Jesus bedeutet ihm, daß Petrus, solange er nur den Größeren in ihm sehe, noch nicht die eigentliche, die letzte Gemeinschaft mit ihm gewonnen habe, und Petrus fügt sich. Er schließt die Arme vor der Brust, und die Gesten der übrigen sprechen von der tiefen Betroffenheit aller. Was ist der Sinn dieser Handlung?

Petrus wehrt sich offenbar, weil er oben und unten nicht verwechselt haben will. Weil er Abstand halten will zwischen Himmel und Erde, zwischen seinem Meister und sich. Er weiß: Wenn die Ordnungen von Über- und Unterordnung feststehen, bin ich als Schüler am richtigen Ort und darf der bleiben, der ich bin. Wenn Petrus aber plötzlich als Herr beschrieben wird und Jesus als Diener, muß er sein Verhältnis zu seinem Meister überprüfen, ob es nämlich ein Verhältnis von Gebot und Gehorsam oder ob es ein Verhältnis beiderseitigen Liebens sei.

Mutet ihm Jesus zu, sich mit der Geste der Freundlichkeit an den Füßen berühren zu lassen, dann muß Petrus sich selbst plötzlich anders einschätzen als bisher. Er wächst. Wachstum ist ein Aspekt der Wandlung, die an uns geschehen soll. Er läßt sich los. Er vertraut sich dem an, der ihn liebt. Er gibt sich hin und empfängt sich neu. Er ist gekleidet wie ein König, Jesus, der Dienende, wie ein Hausknecht. Das Verhältnis hat sich gewandelt, damit Petrus bereit wird, die Wandlung, die die Stunde fordert, an sich geschehen zu lassen.

Als Jesus auftrat, trug ihn die Gewißheit, jetzt sei, nach der langen Zeit der geistlichen Dürre in seinem Volk, der Geist wiedergekommen und das Reich Gottes nahe. In diesem Aufbruch in der Jordanebene und auf den Hügeln von Galiläa beginnt die Neuschöpfung der Welt. In den Zeichen seines Wirkens, die wir Wunder nennen, ist sie angekündigt. In den Weisungen, die Jesus den Seinen gibt, liegt nicht

Wasser

eine neue Moral, sondern das bewußte Ernstmachen mit dem Glauben, das Reich Gottes sei nahe, der Mensch aber bedürfe eines grundlegend neuen Anfangs. Er wandle sich in ein Geschöpf des Geistes, in den »neuen Menschen«.

Aus dem Wasser und dem Geist wird der neue Mensch geboren, sagt Jesus, aus dem Wasser, über dem der Geist ist. Denn das Wasser allein hat noch nichts mit jener Neugeburt zu tun, die in der Taufe geschehen soll. Es ist aber ein Symbol für jene natürlichen Neuanfänge, die in jedem Menschenleben immer wieder notwendig werden, Wandlungen an und in der Seeele auch derer, die den Geist nicht erwarten. Sie werden notwendig sein auch für den Christen, der für die Wandlung durch den Geist empfänglich sein will.

»Gib acht«, sagt Jesus zu Nikodemus, »wer nicht neu geboren wird, wer nicht geboren wird aus Wasser und Geist, kann das Reich Gottes nicht sehen. Wie du ein Kind deiner Mutter bist, so wirst du ein Kind, ein Sohn Gottes werden müssen – durch Wasser und Geist« (Johannes 3). Die alte Kirche wußte davon mehr, als wir heute noch davon wissen. Ephräm, der im 4. Jahrhundert in Syrien lehrte, bezeichnete das Wasser als den »Mutterschoß, aus dem die Kinder des Geistes geboren werden«. Er nennt also das Wasser die Mutter, den Geist den Vater des neuen Menschen.

Und was entsteht für das praktische Leben eines Menschen aus einer solchen Wandlung? Wird er sich anders verhalten? Wird er glücklicher sein? Wird sein Tun von dem zeugen, was an ihm geschehen ist? Wird etwas von der Helligkeit des Gottesreiches und von der Weisheit Gottes spürbar sein? Jesus spricht davon in seinen Seligpreisungen:

Selig sind nicht, sagt er, die Reichen,
die geistig Gebildeten,
die sich auf ihr Nachdenken verlassen,
sondern die anderen,
die ihrer Armut eingedenk den Geist erwarten.
Selig sind nicht die Glücklichen,
sondern die Leidensfähigen.
Selig sind nicht die Gewalttäter,
die um den Besitz der Erde streiten,
sondern die Geduldigen und Freundlichen,
die sie am Ende empfangen.
Selig sind nicht die, die recht haben,
sondern die hungern nach Gerechtigkeit.
Sie sollen satt werden.
Selig sind nicht die Rechner,
sondern die Barmherzigen,
sie werden Barmherzigkeit empfangen.
Selig sind nicht die Erfolgreichen,
sondern die mit dem lebendigen Herzen,
sie werden Gott schauen.
Selig sind nicht die Helden,
sondern die Friedensstifter,
sie werden Söhne und Töchter Gottes heißen.
Selig sind nicht, die Ordnung schaffen auf dieser Erde
und die verfolgen, die ihre Ordnung stören,
sondern umgekehrt die, die verfolgt werden,
weil sie Gerechtigkeit suchen.
Das Himmelreich ist ihr.

NACH MATTÄUS 5

(WASSER)

Nach Ostern nimmt Paulus das Wort auf und sagt:

Was wir sagen,
ist Weisheit für die Vollkommenen.
Sie kommt von Gott und birgt sein Geheimnis.
Sie ist verborgen,
wie Gott in Christus verborgen war,
und Gott hat sie für uns bereitgelegt,
ehe die Welt war.
Keiner der Machthaber dieser Welt hat sie begriffen,
sonst hätten sie den,
der ein Herr ist über alle Herrlichkeit,
nicht gekreuzigt.
Uns aber hat Gott es enthüllt
durch den heiligen Geist.
Denn sein Geist sieht und findet alles,
auch was tief in Gott verborgen ist.
Wer hat die Gedanken Gottes ausgelotet,
daß er sein Geheimnis darlegen könnte?
Wir aber denken Gottes Gedanken nach
– in Christus!

1. KORINTHER 2

Heilung

Johannes erzählt in seinem Evangelium von sieben Wundern, die Jesus tat. Vier davon spielen im Element des Wassers, und sie alle sprechen von einer Wandlung, die in den Menschen geschehen soll, von einer Gestalt in eine andere.

Ein Krankenhaus war im alten Jerusalem zur Zeit Jesu im Rechteck um einen Quellteich herumgebaut. »Haus der Barmherzigkeit« hieß es, »Betesda«. Der Teich hatte sein Geheimnis, jedenfalls nach dem Glauben der Menschen: Manchmal brach ein besonders starker Wasserstrudel in der Tiefe aus der Quelle hervor, von einem Engel gerufen, und wer dann zuerst in das Wasser stieg, wurde geheilt.

Als Jesus durch die Hallen ging, traf er einen Mann, der seit 38 Jahren da gelähmt lag. »Willst du gesund werden?« fragte er ihn. Aber der erklärte: »Wenn das Wasser sich bewegt, ist immer ein anderer schneller, und mir hilft niemand, ins Wasser zu kommen.« Da trat Jesus an die Stelle jenes Engels der Tiefe, der die heilenden Kräfte heraufführte, verband Himmel, Erde und Abgrund, faßte den Mann an der Hand und sagte: Steh auf. Und der Mann stand auf und war gesund (Johannes 5). Der Geist, der sich während der Taufe auf Jesus herabgesenkt hatte, war über dem Urwasser, und der Mann, der da aufstand, stand stellvertretend auf für eine Erde, die einer neuen Gestalt entgegengehen soll, als ein neues Geschöpf aus der Hand des Christus.

Johannes vom Kreuz, der viel von jener Lähmung der Seele wußte, die wir Depression nennen, schrieb in einem Gedicht von Christus als von der Quelle, in der diese Wandlung geschieht:

Wasser

Wie gut weiß ich den Quell,
der aufquillt und der strömt,
auch wenn es Nacht ist.

Der ewige Quell, er ist verborgen;
wie gut weiß ich, wo er entspringt,
auch wenn es Nacht ist.

Er selbst hat keinen Ursprung,
doch aller Ursprung kommt aus ihm,
und nichts ist schöner,
als daß Erd und Himmel von ihm trinken, ...
Niemals dunkelt seine Klarheit
und alles Licht entspringt aus ihm,
auch wenn es Nacht ist.

Dabei wandelt sich der Schwermütige, der in jener Tiefe der Seele gefangen war, die Johannes vom Kreuz die »dunkle Nacht« nennt, in einen Menschen, der das Licht schaut und den Bringer des Lichts rühmt.

Tief unter der Altstadt von Jerusalem, unter einem gewaltigen Felsdach, auf dem die Mauern und die Häuser standen, entspringt die Quelle Schiloach. Von ihr aus führt ein unterirdischer, wasserführender Gang zu einer großen Zisterne, in der das Wasser – noch unter dem schweren Fels – im Dunkeln gesammelt wurde, ehe es nach dem Tal zu aus dem Berg trat, im »Teich Schiloach«. Als Jesus einmal durch Jerusalem ging, sah er einen Blinden. Er nahm ihn zu sich, legte ihm einen Brei, aus Erde und Speichel angerührt, auf die Augen und sagte zu ihm: Geh zum Teich Schiloach und wasche dich! Der ging hinab, wusch sich die Augen im Wasser der Quelle, und als er in die Stadt zurückkam, sah er das Licht (Johannes 9). Im Anfang schuf Gott Himmel und Erde. Und wie er im Anfang sprach: Es werde Licht, so spricht er nun in der Seele der Menschen, die er wandeln will: Du bist Licht! Und aus Wasser und Geist entsteht der neue Mensch.

Das dritte Zeichen geschieht auf dem See Gennesaret, als Jesus auf dem stürmischen Wasser geht, oder durch die Wandlung von Wasser in Wein auf der Hochzeit zu Kana.

Wasser und Wein

»Es wurde eine Hochzeit gefeiert zu Kana in Galiläa. Die Mutter Jesu war unter den Gästen, und auch Jesus war mit seinen Begleitern eingeladen. Als es nun an Wein fehlte, wandte die Mutter sich an Jesus: Es fehlt an Wein! Aber Jesus wies sie ab: Laß mich! Meine Stunde ist noch nicht gekommen. Da sprach seine Mutter zu den Dienern: Was er euch sagen wird, das tut! Nun standen dort sechs steinerne Wasserkrüge, aufgestellt, wie es die Sitte der Waschungen vorschrieb, und jeder faßte zwei bis drei Eimer. Füllt die Krüge mit Wasser! befahl Jesus, und sie füllten sie bis zum Rand. Nun schöpft! fuhr er fort, und bringt es dem Festordner ... Und der Festordner kostete das Wasser, das Wein geworden war, er wußte aber nicht, woher der Wein kam ... So setzte Jesus den Anfang jener Zeichen, in denen er seine Herrlichkeit offenbarte ... Und seine Jünger glaubten an ihn.«

Das Wasser – das Element, aus dem das Leben kommt und der Wein – schon immer, seit Menschen ihn keltern, ein Bild der Freude,

WASSER

der Fröhlichkeit, des Fests. Wasser wird zu Wein, der Mangel zur Fülle. Der Wein wird dasein, sagt Jesus, in dem Augenblick, in dem ihr schöpft. Und wirklich, indem da geschöpft und verteilt wird, verwandeln sich die Gäste einer kleinen, ländlichen Hochzeitsfeier in Gäste bei jener Hochzeit, die Gott mit den Menschen feiern wird. Sie lernen schöpfen. Schöpfen heißt glauben, füllen und weitergeben. Das hochzeitliche Paar aber wird zum Bild jenes Menschen, der, aus dem Wasser und dem Geist neu geboren, an der Fülle Gottes teilhat.

Die frühe Kirche hat dieses Symbol aufgenommen, als sie schrieb: Die Wandlung der Welt in den neuen Himmel und die neue Erde ist eine Hochzeit. Eine Hochzeit ist ja nicht so sehr ein Ende als vielmehr ein Anfang und, wenn es gut ist, ein Anfang, in dem die Liebe konkrete Gestalt annimmt.

> Laßt uns fröhlich sein und ihm die Ehre geben,
> denn die Hochzeit des Christus ist gekommen,
> und seine Braut hat sich bereit gemacht.
> Sie ist gewürdigt worden,
> sich in reines, leuchtendes Leinen zu kleiden ...
> Und selig sind alle,
> die zum Hochzeitsmahl des Christus geladen sind.
> OFFENBARUNG 19,7–9

Auf dem Altar des sogenannten »Meisters der goldenen Tafel von Lüneburg« findet sich eine Darstellung der »Hochzeit zu Kana«. Es ist eine feierliche Versammlung von Menschen, wie sie dem sensiblen Stil der Kölner Malerschule am Anfang des 15. Jahrhunderts entspricht, und viele einzelne Szenen, viele gesprochene Worte drängen sich auf dem gefüllten Bild.

Links sitzt Christus, neben ihm rechts Maria. Neben ihr schaut Jakobus hindurch, dann folgen Petrus und Johannes und vier Festgäste. Die Frau mit dem weißen Kopfschmuck ist wohl die Braut. Vor ihr, fast ganz vom »Freund des Bräutigams«, dem Festordner, verdeckt, der Bräutigam, und im Vordergrund, völlig an seine Arbeit hingegeben, ein Diener.

Petrus schneidet eben ein Brot. Johannes weist ihn auf den Becher hin, den der Festordner Jesus hinhält, nachdem er dem Bräutigam gegenüber seiner Verwunderung Ausdruck gegeben hatte: »Sonst gibt man doch zuerst den guten, dann den billigen Wein. Du hast den besseren bis zuletzt aufbewahrt.« Maria scheint eben Jesus auf den leeren Kelch in der Mitte des Tisches hinzuweisen: Es gibt keinen Wein mehr. Und Jesus hebt die linke Hand, als wolle er ihr sagen: Laß mich, ich weiß schon, was ich tue.

Im Vordergrund stehen vier Krüge. Krüge dieser Art dienten dem Gang zum Brunnen, aber auch der Aufbewahrung von Wasser oder von Lebensmitteln. In ihnen wurden Wasser und Wein gemischt, weil der Wein zu kostbar war, um rein getrunken zu werden. Der Krug ist aber von jeher auch das Urgefäß gewesen, in dem sich Wandlungen vollziehen, und ein Symbol für den Mutterschoß, in dem das neue Leben heranwächst. Auf den Bildern, die die Verkündigung des Engels an Maria darstellen, ist immer auch ein Krug, in dem meist eine Blume steht, mit abgebildet.

Auf dem Tisch an der vorderen Kante erinnern uns zwei Fische und ein in fünf Einzelbrote geschnittenes Brot an die Geschichte von der Speisung der fünftausend Menschen in der Steppe auf der Golanhöhe, an jenes Zeichen, das von der Wandlung des Mangels in die Fülle spricht. Links vorn stehen vier Krüge, während der Diener zwei wei-

WASSER

tere zum Festordner bringt. Über ihnen, hart an der Tischkante, ein goldener Kelch, ein Gefäß von geradezu geistiger Leuchtkraft und Transparenz. Indem Christus die Hand segnend über ihn hält, wandelt er die Szene in das Abendmahl, die Eucharistie. Nicht der Krug, sondern der Kelch wird zum Gefäß der Wandlung.

Merkwürdig abseits der Szene stehen die Braut und der Bräutigam, als seien sie entbehrlich. An ihre Stelle treten Maria und Christus, als seien sie das eigentliche Brautpaar. Maria ist in solchen Zusammenhängen oft ein Abbild der menschlichen Seele, und so wird aus dem Weinwunder der Hochzeit die Hochzeit Gottes mit den Menschen: die heilige Hochzeit zwischen Himmel und Erde, und die eigentlich wandelnde Kraft ist die Liebe, die Christus und die Seele verbindet.

Eine Veränderung geschieht aber mit dem Wasser selbst auch noch auf eine andere Weise: Es wandelt sich sozusagen ein letztes Mal und nimmt die Gestalt des Endgültigen an: des Weins. Danach ist keine Wandlung mehr. Das Wasser wird in seine höchste und letzte Form überführt, seine Zielgestalt: die Quelle des Fests.

Und schließlich geschieht, was das Bild zeigt, in mir und an mir selbst. Ich trage gleichsam alle meine Wasserkrüge zusammen und lasse die Wandlung geschehen. Ich gebe hin, was mein ist, und empfange meine Zielgestalt: die des von Gott geliebten Menschen. Der Krug meiner Seele geht »so lange zum Brunnen«, bis er das Wasser meines Lebens als Wein abgeben darf. »Du hast den besten bis zuletzt aufbewahrt«, sagt der Festordner zum Bräutigam. Und Christus bestätigt ihm mit seinem Blick: Das ist wahr: bis zuletzt in meines Vaters Reich.

In den »Tiefen der Gottheit«

Was in unserem Tode geschieht, das wird sein, als falle ein Tropfen Wasser ins Meer. So dachten viele vor allem unter denen, die in der mystischen Tradition lebten. Wir werden in das unendliche Meer Gottes einsinken und uns darin auflösen. Man mag das so sagen, aber wenn ich das Evangelium höre, dann meine ich, auch wenn ich durchaus vom »Meer der Gottheit« rede, jenseits der Schwelle warteten unser neue Erfahrungen, neue Aufgaben, neue Erkenntnisse und keineswegs die Meeresstille ewigen Versinkens.

Es gibt heute eine psychologische Forschung, die die Erfahrung des Menschen aus seiner vorgeburtlichen Zeit einbezieht, aus der Zeit, die er im Leib seiner Mutter, schwimmend im mütterlichen Wasser, zubrachte. Und sie spricht von einem seligen Zustand, der später so nie mehr erreicht werde, von einem »ozeanischen« Ruhen und Glücklichsein, aus dem der Mensch mit der Geburt plötzlich und schmerzhaft herausgerissen werde. Manche deuten auch an, im Tode werde, nach allem, was wir wissen oder ahnen können, offenbar wieder ein vergleichbarer Zustand des Glücks erreicht. Für dieses ozeanische Bewußtsein, dieses Ruhen und Heimkehren, dieses gelassene Lieben und Begegnen hat unsere Seele ihre Bilder, ihre Ahnungen. Ich denke an einen Traum, der mich seit vielen Jahren immer wieder besucht:

Ich stehe am Ufer eines Meeres, ziehe mir die Tauchermaske über das Gesicht und schwimme hinaus, mit den Augen den Grund betrachtend. Ich tauche immer tiefer in das wunderbar dunkelgrüne Wasser, auf dessen Grund Wasserpflanzen wachsen wie Wälder, und gleite frei und gelöst über sie hin. Während ich weiterschwimme, kommt mir ein Schwarm Fische entgegen, rote, blaue, gelbe, grüne,

Wasser

bunte Fische. Sie schauen mich an, begrüßen mich und schwimmen gemächlich weiter. Ich bin einer von ihnen. Und manchmal geschieht es, daß ein großer goldener Fisch, größer als ich, auf mich zuschwimmt, und ich weiß: Das ist der König des Meeres! Er kommt auf mich zu, redet mich freundlich an und verweilt ein wenig, bis er sich allmählich wieder entfernt.

»Ozeanisches Bewußtsein«. Sowenig wir im einzelnen über das kommende Dasein wissen können, die Bibel spricht sich in Bildern aus, und wer mit Bildern umzugehen weiß, ist durchaus nicht ohne tröstliches Wissen. Nur: Die Augen, die schauen können, müssen uns gegeben sein. Die Mädchen und Frauen, die am Ostertag frühmorgens zu den Quellen gingen, wuschen sich dort die Augen, um das Ostergeheimnis schauen zu können. Denn das ist nötig: daß wir mehr sehen, mehr erkennen, daß uns irgendwann die Augen aufgehen und die Bilder der Hoffnung durchscheinend werden für die größere Welt, in die hinüber unser Weg führen soll.

Ein Lied versuchen

Ich möchte ein Lied versuchen,
mein Lied.
Ich möchte dich rühmen,
dessen Stimme ich höre im Gesang aller Dinge.

Gerühmt seist du,
Bildner der Erde und ihrer Kraft.
Gerühmt seist du, Glut im Feuer,
Geist im Wehen des Windes,
Weisheit im Wirken der Wasser.

Gerühmt seist du,
Ursprung und Quelle alles Lebendigen,
aller sichtbaren und unsichtbaren Wesen.
Im Abglanz unserer Lichter
und im Spiegel unserer Bilder
schaue ich dein Licht.

Ich bin eine Stimme unter deinen Geschöpfen.
Ich bringe, was ich empfange,
auf dem kurzen Weg, den ich gehe.
Erde, Feuer, Wind und Wasser,
sie alle haben ihr Geheimnis aus dir.
Ich empfange es von ihnen
und gebe ihnen meine Melodie und mein Wort
in der Sprache des Herzens.
Ich selbst bin Erde, Feuer, Wind und Wasser.
Sie kreisen in mir
und singen in mir ihren Gesang.

Die Erde singt mir vor.
Sie preist deine Güte in der Fülle ihrer Gestalten,
deiner unerschöpflichen Gedanken.
Ich nehme ihr Lied auf
und gebe ihm in meiner Liebe seinen Klang.

Das Feuer singt,
Es preist dich, der Licht ist und Finsternis,
der Tag und die Nacht.
Und ich preise dich mit ihm
und möchte Licht und Brand sein in dir.

Der Wind atmet seinen Gesang.
Er führt mich zu meinem Ziel,
und auf dem Weg preise ich dich,
der du Weg bist und Geist, gegenwärtig in mir.

Das Wasser singt mir,
es singt von deiner Weisheit und wandelnden Kraft.
Was liegt an mir?
Ich will gerne ein Tor sein unter den Menschen
und meinen Namen schreiben in die Wellen des Wassers.

Ich preise dich, Christus.
Du bist alle Tage bei uns auf dieser Erde.
Verläßlich wie der Grund, auf dem ich stehe.

Du bist das Licht der Welt,
und ich nehme von deinem Licht.
So wird es licht in meiner Dunkelheit.

Du bist die Stimme, die meinen Namen ruft,
wie der Urklang im Sturm des Anfangs.
Ich höre dein Wort aus deiner unendlichen Gegenwart.

Du bist die Quelle des Lebens.
Ich schöpfe aus dir, bis ich selbst Quelle bin,
aus der ewiges Leben quillt.

Ich preise dich,
Geist aus Gott, du Unendlicher
in der Unendlichkeit der Schöpfung.

Ich nehme deine Fülle auf
und bewahre das Wenige dankbar,
das Raum hat in meiner Hand.

Ich bitte dich um deinen Segen,
bis ich mich wandle aus deiner Kraft
und du mich erfüllst, Geist aus Gott.

Ich versuche mein Lied.
Ich singe es in den Wind
und lasse es verklingen
in dir.

Bildnachweis

S. 9–16 Foto Zink · S. 25 Russische Ikone, 16. Jh.: »Lobet den Herrn«, Stockholm, Nationalmuseum · S. 39 Foto Zink · S. 53 Russische Ikone: »Verklärung Christi«, Sächsische Landesbibliothek, Deutsche Fotothek Dresden · S. 67 Russische Ikone: »Anastasis« (Höllenfahrt Christi), Ikonenmuseum Recklinghausen · S. 89 Vulkanausbruch Island. Foto Conrad Contzen, Lünen · S. 91 Foto Zink · S. 101 Russische Ikone: »Himmelfahrt des Elia«, Sächs. Landesbibliothek, Deutsche Fotothek Dresden · S. 115 Buchmalerei ... »Pfingsten«, Bayr. Staatsbibliothek München · S. 129 Foto Zink · S. 147 Ausschnitt aus dem »Paradiesgärtlein« eines oberrheinischen Meisters 1410: »Caecilie und das Kind«, Städel, Frankfurt, Archiv Zink · S. 157 Aus dem Altar des Meisters der goldenen Tafel von Lüneburg: »Himmelfahrt Christi«, Archiv Zink · S. 167 Hans Burgkmair d. Ä., 1473–1531, Johannesaltar: »Johannes auf Patmos«, München, Alte Pinakothek, Foto Joachim Blauel, Artothek · S. 177 Foto Zink · S. 187 Aus dem Evangeliar der Äbtissin Hitda von Meschede, Anfang des 11. Jh.: »Taufe Jesu«, Archiv Zink · S. 197 Aus dem Altar des Meisters der goldenen Tafel von Lüneburg: »Fußwaschung«, Archiv Zink · S. 207 Ebenda: »Hochzeit zu Kana«, Archiv Zink.

Quellennachweis

Seite 42, 49f., 56, 70, 83, 139, 151 aus: Weißt du, daß die Bäume reden. Weisheit der Indianer. Ausgewählt und übertragen von Käthe Recheis und Georg Bydlinski, Herder Verlag Wien 1986 (1983). »Für ein Kind« und: »Ich bin ein Felsen« aus: Akwesasne Notes, Mohawk Nation; »am Wegrand« aus Calvin O'John, The Wispering Wind. Poetry by Young American Indians, ed. by T. Allan, © 1972 Inst. of American Indian Arts; »In allem, was ein Indianer tut«, Texte von Black Elk, aus: Black Elk Speaks, © by Y. G. Neihardt, Trust 1961; »Huschende Insekten« (Leuchtkäferlied) und »Der Busch singt« aus: American Indian Poetry. The Standard Anthologie of Songs and Chants, ed. by G. W. Cronyon, Liveright, New York; »Der Adler singt« aus The Song Magic of Southern Arizona, Ruth Murray Underhill, © 1938 by the Regents of the Univ. of. Calif, renewed 1966 by R. Murray Underhill.
Seite 175 aus: T. C. McLuhan, Wie der Hauch eines Büffels im Winter, ins Deutsche übertragen von E. Schnack, Hoffmann und Campe Verlag 1984[4].